Ecologia e Decolonialidade

Sinivaldo Tavares

Ecologia e Decolonialidade

Implicações mútuas

 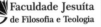

Dados Internacionais de Catalogação na Publicação (CIP)
Angélica Ilacqua CRB-8/7057

Tavares, Sinivaldo
Ecologia e decolonialidade : implicações mútuas / Sinivaldo Tavares. - São Paulo : Paulinas, 2022.
(Coleção Faculdade Jesuíta)
ISBN 978-65-5808-147-0
1. Ciências sociais 2. Ecologia I. Título II. Série

22-1491   CDD 300

Índice para catálogo sistemático:
1. Ciências sociais

1ª edição – 2022

Direção-geral:	*Flávia Reginatto*
Editora responsável:	*Marina Mendonça*
Copidesque:	*Mônica Elaine G. S. da Costa*
Revisão:	*Equipe Paulinas*
Gerente de produção:	*Felício Calegaro Neto*
Capa:	*Rafael de Araújo Silva Alves dos Anjos*
Foto de fundo (planta):	*Nagy Arnold / Unsplash*
Diagramação:	*Tiago Filu*
Conselho editorial:	*Andreia Schweitzer*
	Antônio Francisco Lelo
	Fabíola Araújo
	João Décio Passos
	Marina Mendonça
	Matthias Grenzer
	Vera Bombonatto

Nenhuma parte desta obra poderá ser reproduzida ou transmitida por qualquer forma e/ou quaisquer meios (eletrônico ou mecânico, incluindo fotocópia e gravação) ou arquivada em qualquer sistema ou banco de dados sem permissão escrita da Editora. Direitos reservados.

Paulinas
Rua Dona Inácia Uchoa, 62
04110-020 – São Paulo – SP (Brasil)
Tel.: (11) 2125-3500
http://www.paulinas.com.br – editora@paulinas.com.br
Telemarketing e SAC: 0800-7010081
© Pia Sociedade Filhas de São Paulo – São Paulo, 2022

Sumário

Lista de siglas e abreviaturas..7
Introdução 9

CAPÍTULO I
O paradigma hegemônico: mercado, tecnociência e mídia......................... 15
    Introdução.. 15
    1. Cumplicidade entre mercado, tecnociência e mídia 16
    2. Consequências da cumplicidade entre mercado, tecnociência e mídia ... 24
    Conclusão..30
    Referências bibliográficas.. 31

CAPÍTULO II
Ecologia integral: a emergência de um novo paradigma...........................33
    Introdução..33
    1. Distinção e explicitação de dimensões constitutivas de ecologia 34
    2. *Laudato Si'*: ecologia integral como "novo" paradigma.....................37
    Conclusão..47
    Referências bibliográficas..48

CAPÍTULO III
Modernidade-colonialidade: sistemático recurso
ao expediente de "naturalização".. 51
    Introdução.. 51

1. Colonialidade: a face ocultada da modernidade..................53
2. "Naturalização" da desigualdade social entre colonizador e colonizado.....55
3. "Naturalização" da racionalidade moderno-colonial........................60
Referências bibliográficas..................69

CAPÍTULO IV
Colonialidade persistente: "naturalização" do mercado e da tecnociência......71
Introdução..................71
1. O "capitalismo financeiro"..................72
2. O persistente recurso ao expediente de "naturalização"..................76
Conclusão..................83
Referências bibliográficas..................84

CAPÍTULO V
Da "libertação" à "viragem decolonial":
desdobramento de um mesmo paradigma..................87
Introdução..................87
1. "Libertação" em alternativa a "desenvolvimento"..................90
2. "Libertação" em alternativa a "emancipação"..................94
3. A reciprocidade entre "Teologia da libertação" e "Libertação da teologia"..96
Conclusão..................98
Referências bibliográficas..................99

CAPÍTULO VI
A ecoteologia em face dos desafios do "paradigma tecnocrático"..................103
Introdução..................103
1. "Paradigma tecnocrático": raiz última da crise socioambiental..................104
2. Ecoteologia: pressupostos e relevância..................107
3. Desafios postos pelo "paradigma tecnocrático" à ecoteologia..................109
Conclusão..................122
Referências bibliográficas..................123

Índice onomástico..................125

Lista de siglas e abreviaturas

BID	Banco Interamericano de Desenvolvimento
BIRD	Banco Internacional para Reconstrução e Desenvolvimento
CEPAL	Comissão Econômica para a América Latina e o Caribe
FMI	Fundo Monetário Internacional
LS	Carta Encíclica *Laudato Si'*
MCS	Meios de Comunicação Social
ONU	Organização das Nações Unidas
SODEPAX	Sociedade, desenvolvimento, paz
TdL	Teologia da Libertação
UNESCO	Organização das Nações Unidas para a Educação, a Ciência e a Cultura

Introdução

Discernir e analisar as intrínsecas e mútuas implicações entre desafios postos pelo novo paradigma ecológico e questões provenientes da perspectiva oferecida pela "viragem decolonial" é o objetivo deste livro. Por isso o título: *Ecologia e decolonialidade: implicações mútuas*. Com o passar dos anos, vai ficando cada vez mais claro que técnicas de gerenciamento de bens e serviços naturais escassos não esgotam toda a amplitude do termo "ecologia". Esta, por sua vez, seria mais bem descrita como uma nova arte, um novo paradigma a pautar nossas relações com o sistema-Vida e com o sistema-Terra. Por essa razão, não entendemos ecologia como sinônimo de meio ambiente. A preocupação com o ambiente e suas questões derivadas constitui uma das dimensões da ecologia, compreendida a partir de uma visão sistêmica. Concebemos, portanto, ecologia como singular complexidade composta de distintas dimensões, a saber: ambiental, social, mental, espiritual etc.

Compreendemos paradigma em seu sentido amplo, tal como Th. Khun o define em resposta à discussão com a Escola de Viena e com K. Popper: conjunto de modelos ou de padrões a partir dos quais a sociedade atual se orienta e organiza o conjunto de suas relações. Empregamos o termo "paradigma", portanto, no sentido de um sistema disciplinado, mediante o qual organizamos nossa relação conosco mesmos, com as demais pessoas e com o conjunto das criaturas com as quais convivemos em nossa comunidade de vida. E qual a razão de ser do adjetivo "novo" acompanhando o substantivo paradigma? "Novo", aqui, não significa recente, nem "de moda", menos ainda "de última geração". Empregamos o adjetivo novo no sentido de "alternativo". Ao falarmos, portanto, em novo paradigma estamos nos referindo à emergência de possíveis alternativas ao paradigma hegemônico que vem, *grosso modo*, caracterizando o tempo presente mediante a imposição da tecnociência, do mercado e da mídia.

Concebemos, por seu turno, "viragem decolonial" na esteira do que propõe o grupo de pesquisa *Modernidad-colonialidad*, a saber: como movimento que, partindo da analítica da modernidade-colonialidade, culmina em outro, a gramática da decolonialidade. Trata-se, na verdade, de processos recíprocos e, portanto, mutuamente implicados. Esta é a razão pela qual se insiste em concebê-la como movimento, processo, guinada, opção, e não propriamente como mais uma disciplina ou corrente de pensamento entre outras. Constata-se, portanto, que a lógica da colonialidade e a retórica da modernidade constituem, de fato, cara e coroa da mesma moeda e que, portanto, é justificável falar de um único fenômeno: "modernidade-colonialidade". A "viragem decolonial" seria, portanto, um movimento composto de dois processos: desvelamento do fenômeno histórico da "modernidade-colonialidade" e desprendimento ou desconexão dessa combinação entre lógica colonial e retórica moderna, com vistas à "transmodernidade", entendida como alternativa à modernidade-colonialidade, e não como pós-modernidade ou outras modernidades.

O livro que o leitor tem em mãos reúne textos concebidos sob a óptica da *ecoteologia*, isto é, daquele discurso teológico que procura potencializar ao máximo a reciprocidade das relações entre o grito dos pobres e os gemidos da Terra. Nesse sentido, o discurso aqui apresentado parte do pressuposto de que injustiça social e crise ambiental ou climática são provocadas por um sistema de morte, deflagrado como produto de um paradigma civilizacional, caracterizado pelo poder hegemônico do mercado, da tecnociência e da mídia. É esse sistema, no fundo, o responsável último pelos processos em curso que, juntos, compõem o que temos justamente denominado de "crise ecológica" ou "mudança climática". A reflexão aqui desenvolvida se inspira na utopia de um novo e emergente paradigma, o ecológico. Este se encontra ainda em fase de gestação, mas seus rebentos se revelam cada vez mais promissores. Frutos de um novo olhar, as novas relações propiciadas pelo emergente paradigma ecológico seriam caracterizadas pelos valores da complexidade, do cuidado e da sustentabilidade, entre outros.

A gravidade e a urgência das questões atinentes ao discurso acerca do cuidado de nossa "casa comum" exigem que todo discurso teológico responsável e que, portanto, não se deixe tragar pela indiferença e pelo cinismo, se construa a partir da condição dos pobres e em uma perspectiva utópico-libertadora. Daí a necessidade de, ao articular o grito da Terra com o grito do pobre, potencializá-los ao máximo, ressignificando-os na perspectiva iluminadora do "evangelho da criação". Um discurso acerca da tutela da vida no planeta que não incorpore as questões da pobreza e da fome, da injustiça social e das contradições da globalização neoliberal peca por ingenuidade e conivência. De igual maneira, um discurso acerca do cuidado e da sustentabilidade da vida em nosso planeta Terra, nossa casa comum, que não brote, de maneira esperançosa, dos sulcos fecundos do "evangelho da criação", acabará sucumbindo a um pessimismo trágico.

O livro é composto de seis capítulos. Entre o primeiro e o segundo capítulos vigora uma relação de distinção e de reciprocidade:

o primeiro, tem a intenção de descortinar o cenário atual de nossa civilização contemporânea, caracterizado pelo mercado, pela tecnociência e pela mídia; o segundo, propõe a emergência de um novo paradigma civilizacional, precisamente o paradigma ecológico, uma espécie de trama tecida em torno de três nós: complexidade, sustentabilidade e cuidado. Que tipo de relação haveria, eventualmente, entre velho e novo paradigma? Como dizia Zygmunt Bauman: "O velho mundo está morrendo. Mas o novo ainda não nasceu". O embate entre velho e novo paradigma se dá no interior mesmo de um único processo histórico em que o novo paradigma vai emergindo mediante um processo duplo e simultâneo: a radicalização das contradições do paradigma hegemônico e a potencialização dos veios alternativos que despontam em meio a suas contradições internas.

Os capítulos terceiro e quarto também devem ser lidos em recíproca correspondência. O terceiro capítulo trata do fenômeno histórico da modernidade-colonialidade, destacando seu recurso sistemático ao expediente de "naturalização": "naturalização" da desigualdade social entre colonizador e colonizado e "naturalização" da racionalidade moderno-colonial ou eurocêntrica. O quarto capítulo, por seu turno, indaga acerca da persistente colonialidade advertida, sobretudo, na "naturalização" do mercado e da tecnociência. De fato, hoje, encontramo-nos sob a égide de uma "nova colonialidade global". Trata-se de uma "colonialidade persistente", posto que, embora suceda ao regime colonial, inaugurado e imposto no passado pelas monarquias europeias, não suprime, mas, ao contrário, prolonga e aprofunda relações coloniais, ainda que veladamente.

Constata-se, ainda, uma relação estreita entre os capítulos quinto e sexto. Ao relacionar "teologia da libertação" e "viragem decolonial", no quinto capítulo, foi ficando cada vez mais claro que entre ambos os processos se verifica o que denominamos "desdobramento" de um mesmo paradigma. E, por essa razão, reputamos que a complexidade das recíprocas relações que intercorrem entre "libertação" e "viragem decolonial" poderia ser expressa nos seguintes termos: a "viragem decolonial" seria um processo interno à "teologia da libertação" ou, se se prefere, a "teologia da libertação" seria condição mesma de possibilidade da emergência da "viragem decolonial". No sexto e último capítulo, o escopo é discernir os principais desafios postos à ecoteologia pelo "paradigma tecnocrático", raiz última da crise socioambiental, de acordo com o que afirma o próprio Papa Francisco, na *Laudato Si'*. Em nossa opinião, os principais desafios seriam aqueles reunidos em torno de três nós temáticos: "esgotamento" da política, "controle" global da sociedade e "incompatibilidade" da ética.

Gostaríamos, enfim, de partilhar com você, caro leitor, uma convicção que se foi impondo sempre mais no decorrer da confecção deste livro: a consciência de que desafios complexos postulam práticas e saberes integrais.

Frei Sinivaldo S. Tavares, OFM

CAPÍTULO I
O paradigma hegemônico: mercado, tecnociência e mídia

Introdução

Habitamos um mundo extremamente complexo. Mercado, tecnociência e mídia constituem cenários nos quais se dão os vários âmbitos da experiência humana. A tecnociência tornou-se horizonte de compreensão do ser humano em relação ao mundo e a si próprio. Não apenas nossos estilos de vida, nosso modo de trabalhar e viver são condicionados pela técnica como também nossa identidade mais profunda. Testemunhamos ainda o fenômeno da "mercantilização da vida", produzido pelo mercado que se vai impondo como cenário hegemônico de nossa trama civilizacional atual. Nossos fluxos vitais se tornam mercadoria de consumo e de descarte. Por fim, verifica-se, em nossos dias, uma transformação deveras significativa. Hoje, falamos em mídia e não mais em Meios de Comunicação Social (MCS). O termo "mídia" nos remete a um horizonte a partir do qual se compreende a totalidade dos fenômenos, em uma autêntica mundividência.

Há uma interconexão que atravessa a totalidade dos fenômenos. Torna-se cada vez mais difícil captar as questões atuais, que se revelam sempre mais em seu caráter multidimensional, com saber compartimentado e lógica linear. Somos vítimas de uma inadequação entre o saber e a realidade. Temos nos tornado reféns de um saber que se esgota no âmbito da instrumentalidade e que, portanto, se tem revelado incapaz de nos remeter às questões do sentido e de nos conduzir pelos meandros sutis das sendas da transcendência. Como desmascarar e desconstruir essa cultura da funcionalidade e da mercantilização? Como desconstruir processos de desumanização e desnaturalização, ambos produzidos pela "tecnificação", "mercantilização" e "midiatização" da vida?

1. Cumplicidade entre mercado, tecnociência e mídia

A característica do cenário atual parece ser resultado de uma cumplicidade entre mercado, tecnociência e mídia, responsável por três transformações em curso no seio da civilização contemporânea: da economia de mercado à sociedade de mercado, da técnica como instrumento à emergência da tecnociência como horizonte e da comunicação como meio à mídia como ambiência. Essas três transformações compõem a engrenagem que tem posto em movimento a civilização contemporânea em seu tríplice processo: "mercantilização", "tecnificação" e "midiatização" da vida.

1.1 Da economia de mercado à sociedade de mercado

Constatamos um processo em curso descrito como "absolutização do mercado". Trata-se daquela "grande transformação" descrita por Karl Polanyi como passagem da "economia de mercado" à "sociedade de mercado" (POLANYI, 2000). O mercado vem se impondo sempre mais como cenário único de nossa trama civilizacional atual.

Essa nova configuração produz um fenômeno correlato: a "mercantilização da vida". Nossos fluxos vitais são reduzidos impiedosamente a simples mercadorias de consumo e de descarte. Analistas agudos têm-se debruçado sobre esse fenômeno que vem acometendo nossas sociedades contemporâneas (ASSMANN; HINKELAMMERT, 1989; MO SUNG, 1989; LIPOVETSKY, 2006; BAUMAN, 2008).

A origem de tal fenômeno talvez deva ser buscada no bojo do capitalismo ocidental, em seus desdobramentos recentes. Para caracterizá-lo, empregam-se os adjetivos: imaterial, simbólico e cognitivo. A *imaterialidade* remeteria à transformação da cultura material ocorrida no interior do próprio sistema capitalista. Exige-se, atualmente, cada vez menos trabalho para a confecção material dos produtos, fazendo com que o custo se fragilize e, portanto, o preço das mercadorias caia. Para conter essa baixa de preços, as empresas transformam seus produtos materiais em bens imateriais, afetivos, estéticos, simbólicos.

Capitalismo *simbólico* porque o que conta agora não é tanto a utilidade prática do produto, mas sim o simbolismo do qual é revestido pelo mercado e pela mídia. O que importa, no capitalismo atual, é investir no desejo subjetivo do consumidor de alcançar, mediante o consumo de determinados produtos, prestígio, personalidade, autoafirmação identitária. E, por fim, capitalismo *cognitivo* porque o valor da mercadoria não é estabelecido apenas em função da força de trabalho e do tempo investido na transformação da matéria-prima em produto. Nessa nova fase, os preços referem-se, sobretudo, ao acúmulo de conhecimento embutido no produto final a ser consumido.

Portanto, mediante a queda do valor real dos produtos materiais e o aumento artificial do valor de troca do imaterial, do simbólico e do cognitivo, verifica-se, em última análise, o desmoronamento dos fundamentos da clássica economia política: conhecimento, trabalho material e capital (GORZ, 2005a; 2005b). Ingressamos, assim, em nova fase do capitalismo ocidental. Não mais capitalismo de produção, mas, agora, capitalismo de consumo. Em tal contexto, compreende-se a busca frenética por mercantilizar tudo, mediante o exacerbado inflacionamento das mercadorias, visando a um consumo cada vez maior. Se antes, na era industrial, exigiam-se, na forte expressão de Michel Foucault, "corpos dóceis, disponíveis e úteis", hoje interessam "almas capacitadas", subjetividades munidas das qualidades mais cotadas e apreciadas no mercado de trabalho. Em sua nova fase, portanto, interessa ao capitalismo a produção de subjetividades consumidoras. E, para incrementar o consumo e o apetite dos sujeitos consumidores, é imprescindível que se invista no "fetichismo da mercadoria".

Tais processos têm-se verificado sob o pressuposto da crescente supremacia do mercado na administração dos fluxos vitais. Em nossos dias, passou-se a conceber e a definir a vida como produto, como simples mercadoria. Em uma palavra, a vida tem-se tornado mera invenção humana. E isso graças à inaudita capacidade do capitalismo do século XXI de operar um autêntico sequestro simbólico das forças vitais. Ele não apenas captura tais forças como também consegue reciclar as resistências a esse sequestro mediante a produção de *slogans* publicitários e mercadorias a serem consumidas. Até nossas bandeiras alternativas vêm se tornando objeto de publicidade e, consequentemente, sendo reduzidas a mercadorias sedutoras.

Com base em tais análises, o capitalismo neoliberal estaria ultimando sua hegemonia global. Na medida em que vem conseguindo transformar a vida, e, portanto, também os valores e símbolos culturais e religiosos, em mercadoria de consumo e de descarte, o capitalismo neoliberal tem consolidado sua hegemonia sobre nossa civilização inteira.

1.2 Do uso da técnica à emergência da tecnociência como horizonte

No interior do paradigma moderno, marcadamente antropocêntrico, atestava-se uma correlação entre "vontade de poder" do ser humano, concebido como sujeito, e "desencantamento do mundo", considerado como mero objeto à mercê do sujeito. As coisas eram vistas pelo ser humano apenas na sua utilidade. Preso, então, ao próprio interesse e à imagem de si, o ser humano em seu afã de controle se limitava a manter relações meramente funcionais e utilitárias. Nesse sentido, ele se autoafirmava contra as coisas consideradas estranhas a si, isto é, objetos a serem submetidos ou eliminados.

Em tal contexto, a técnica era utilizada pelo ser humano como instrumento privilegiado na consolidação de seu saber como poder. Com razão, dizia-se que a técnica nada mais era que ciência aplicada. De fato, a técnica se prestava, na condição de instrumento, a esse domínio do sujeito pensante sobre os demais seres considerados meros objetos mensuráveis. Concebida como mero instrumento, a técnica era vista como emanação do sujeito, vale dizer, extensão de seus membros visando à potencialização de seu domínio sobre as coisas. Em uma palavra, a técnica era considerada mero instrumento à disposição do ser humano no seu controle dos objetos que encontrava diante de si.

Desde algumas décadas, estamos assistindo a uma expansão vertiginosa das novas tecnologias, a ponto de caracterizar uma autêntica virada epocal: da idade da técnica para a era da tecnociência. De mero instrumento de dominação à disposição do ser humano, como era a técnica, percebemos que a tecnociência tornou-se horizonte último no interior do qual se desvelam todos os âmbitos da experiência, chegando a condicionar, inclusive, a maneira de o próprio ser humano se autoconceber. Fala-se, a tal propósito, da copresença de dois processos simultâneos: a "emergência da tecnosfera" e o "deslocamento da subjetividade".

Concebe-se o termo "tecnosfera" como uma espécie de horizonte no interior do qual se produzem novas mentalidades e visões de mundo. Supera-se, por exemplo, aquela visão mecanicista e geométrica da física clássica e sua função domesticadora. Agora, na era da tecnociência, a natureza é decomposta e, afinal, recriada segundo os moldes da ciência informática e da biologia molecular. Em outras palavras, as novas tecnologias não são mais meros instrumentos a serviço do ser humano na perseguição de determinados fins. Elas se tornaram, para todos os efeitos, produtoras de necessidades das quais o ser humano se torna cada vez mais dependente.

Fala-se em "deslocamento da subjetividade" posto que, de acordo com as contundentes palavras do filósofo italiano Umberto Galimberti, o ser humano "não é mais sujeito, mas algo disposto no horizonte desvelado pela tecnociência, que é, afinal, o que decide o modo de ele se perceber, sentir, pensar e projetar" (GALIMBERTI, 2006, p. 383). O ser humano não é mais capaz de se perceber fora do mundo disposto pela tecnociência, uma vez que esta se tornou o ambiente no qual o ser humano chega ao conhecimento de si. Por essa razão, justifica-se o uso do termo "tecnociência" em vez de "técnica" simplesmente ou do adjetivo "científico-técnico". A tecnociência tornou-se o horizonte de fundo dentro do qual a própria ciência encontra ou não sua legitimidade (GALIMBERTI, 2006, p. 391-393).

A constatação da simultaneidade dos processos de "emergência da tecnosfera" e de "deslocamento da subjetividade" justificaria por si só a necessidade de uma hermenêutica própria para se compreender o fenômeno da tecnociência. Não se poderia, a rigor, continuar falando de um mundo à medida do ser humano; dever-se-ia, agora, ao contrário, postular um ser humano à medida do mundo. A relação entre tecnociência e ser humano se torna mais complexa ainda quando se têm presentes os recentes processos de hibridização. As novas tecnologias não se contrapõem ao ser humano. Em sua autonomia, elas se tornam capazes de integrar o ser humano em seu aparato técnico. E, a partir daí, cria-se o sistema homem-máquina, no interior do qual os comportamentos humanos se reduzem a partes de máquinas que, por sua vez, passam a ser reguladas pelas tecnologias. Com razão, escreve R. Marchesini:

> A tecnologia transforma a epistêmica humana, importa modelos não humanos na dimensão, modifica a percepção formativa que o homem tem de si mesmo, facilita os processos de trocas referenciais com o não humano; enfim, conjuga e hibridiza, não separa nem purifica, antropodescentraliza e não reforça o pensamento antropocentrado (MARCHESINI, 2009, p. 155-156).

Em tal caso, a tecnologia se torna parceira do ser humano, uma vez que ela modifica não apenas seu perfil como também sua própria constituição biológica. O que nos faz pensar que, no final das contas, toda tecnologia seria de fato uma biotecnologia. Nesse sentido, a tecnologia abre-nos para o mundo na exata proporção em que facilita os processos híbridos entre humanos e não humanos. De fato, a tecnologia penetra no interior do ser humano a ponto de se tornar, para todos os efeitos, sua carne, uma vez que o corpo humano se transforma em um verdadeiro campo de aplicação das novas tecnologias. E, assim, essa hibridização, em aceleração crescente, tem modificado profundamente os predicados e atributos humanos.

Considerando, enfim, que a tecnociência, em nossos dias, se tornou horizonte imprescindível de compreensão do ser humano em relação ao mundo e a si próprio, então talvez fosse o caso de nos perguntarmos: o que o ser humano se torna nessa situação epocal desvelada pelas novas tecnologias? Pois, de fato, não apenas nossos estilos de vida, nosso modo de trabalhar e viver, são condicionados pelas tecnologias, como também nossa identidade mais profunda é condicionada pela diferença tecnológica. E, nessa radical reviravolta, somos postos diante de uma questão dificilmente contornável: não mais o que poderemos fazer com a tecnologia, mas, sim, o que as tecnologias podem fazer de nós?

1.3 Da comunicação como simples meio à cultura midiática como ambiência

Falávamos acima de um processo de fetichização das mercadorias. Igual processo atinge o âmbito da religião, em particular, reduzindo seus valores e símbolos em mercadorias religiosas. O capitalismo de consumo tem invadido o universo religioso com uma voracidade selvagem. E a mídia tem desempenhado uma função importantíssima nesse processo de fetichização. Aliás, no que se refere mais especificamente à mídia, verifica-se, em nossos dias, uma passagem deveras significativa. Antes falávamos de MCS porque, de fato, se tratava de meios através dos quais emissores comunicavam mensagens a eventuais receptores. Hoje, falamos em mídia e não mais em simples meios de comunicação. Na verdade, a mídia não se tem caracterizado apenas pelo conjunto de instrumentos novos e mais sofisticados, mas ela se tem tornado um "ambiente vital", um "conjunto de valores", um "estilo de vida". Com razão, fala-se hoje de uma "cultura midiática" (CASTELLS, 2003; LEMOS, 2002; SODRÉ, 2002; PUNTEL, 2005; 2010).

Supera-se, assim, aquela visão unidirecional e unilinear de comunicação que partia do emissor para se chegar até o receptor. A mensagem encontrava-se impreterivelmente entre ambos e era veiculada através de instrumentos afins. O que caracteriza hoje a mídia, à diferença dos clássicos meios de comunicação, é a reconexão. Essa poderia ser assim caracterizada: um interagente constrói um conteúdo simbólico que, por sua vez, é recebido e reconhecido por outro interagente em conexão e, por conseguinte, reconstruído, mediante novas conexões, por outros interagentes ainda. E são inúmeras as modalidades de reconexão.

Se antes a imagem de palco e plateia ilustrava bem a ideia de comunicação, hoje a imagem da arena talvez seja a que melhor represente essa nova compreensão de comunicação. Em outras palavras, não estamos mais divididos entre atores e expectadores; nos dias que correm, todos nos consideramos no palco, porque nos sentimos atores e coatores do espetáculo do cotidiano. Dessa forma, o que não é construído e visualizado na mídia não existe. A impressão que se tem é que a vida só acontece à medida e na proporção que é visualizada nas telas de nossos aparatos tecnológicos. A mídia se tornou, portanto, um mundo fora do qual não se pode mais viver. Não se pode mais prescindir desse mundo midiático.

Tem-se tornado impossível uma experiência diferente da proposta pela mídia, que, ao transmitir, constrói fatos e situações mediante sua interpretação interessada. Mesmo ostentando uma pretensa neutralidade asséptica, a mídia não transmite informações de forma objetiva. No ato mesmo da transmissão ela constrói realidades, fazendo com que a "opinião pública" seja idêntica à opinião que se publica. E, ao fazê-lo, ainda que de maneira sutil, trai sua posição ante o que transmite. E isso se passa a despeito da tão propalada isenção da mídia na transmissão de notícias.

Por fim, a combinação entre mercado e mídia tem-se revelado profundamente eficiente; os interesses escusos do mercado se fazem sutilmente presentes na mídia em seu caráter profundamente sedutor. Excelentes estudos têm mostrado uma forte cumplicidade entre mídia e mercado na criação e manutenção dos processos descritos acima, tais como: "absolutização do mercado", "mercantilização da vida", "fetichização da mercadoria" (MOREIRA, 2012; ASSMANN; HINKELAMMERT, 1989; MO SUNG, 1989).

2. Consequências da cumplicidade entre mercado, tecnociência e mídia

Uma vez elencadas, *grosso modo*, as principais características do paradigma hegemônico, gostaríamos de fazer algumas considerações, ainda que sumárias, sobre as consequências do que significa viver em um mundo assim configurado. Algumas delas nos parecem óbvias e emergem quase espontaneamente no decurso de nossa descrição do paradigma hegemônico. No entanto, talvez seja o caso de explicitar algumas dessas consequências no intuito de compreender melhor a situação na qual nos encontramos.

2.1 Absolutização dos meios em detrimento dos fins

Somos testemunhas, nos dias que correm, de uma inversão na clássica relação entre meios e fins. Nenhum fim justifica mais os meios; na tecnosfera são os meios que justificam os fins. Na ambiência inaugurada pela tecnociência, não se propõem mais fins. O que move as novas tecnologias é o princípio de autopotenciamento, vale dizer, crescer sobre os próprios resultados. Aqui reside propriamente sua maior incidência sobre a atualidade. Considerando-se finalidade em si mesma, a tecnociência assume como seu princípio regulador o imperativo categórico: faça tudo o que é possível fazer. Assim sendo, as tecnologias não respondem a nenhum outro fim ou princípio que não seja o da realização das próprias possibilidades.

Embora muitos de nós ainda projetemos sobre as novas tecnologias expectativas messiânicas, é forçoso admitir que, na realidade, elas simplesmente não nos redimem nem são capazes de nos salvar. Elas apenas crescem, melhor dizendo, incham, inflacionam-se, expandem-se em benefício próprio. O único limite para as novas tecnologias é o estado atual dos resultados alcançados. Por essa razão, são cada vez mais frequentes entre nós expressões como: "Isso ainda não é possível, mas, com toda certeza, em um futuro próximo, o será". Percebe-se, portanto, que esse limite pode ser deslocado *ad infinitum*. As tecnologias operam tendo como escopo único seu próprio potenciamento, tornando-se, assim, finalidade em si mesma. Nesse sentido, as tecnologias se encontram livres de qualquer amarra. Elas se apresentam, para todos os efeitos, como sendo "ab-solutas", no sentido etimológico do termo, *solutus ab*, "livre de qualquer laço", em que laço pode ser entendido como horizonte de fins, produção de sentido, limite ou condicionamento. É o que, de forma contundente, afirma G. Anders:

> Já há muito tempo que se vinha preparando a degeneração da dupla conceitual *meio-fim*. Quaisquer que tenham sido as fases desse processo, meio e fim trocaram de papéis: *a fabricação de meios tornou-se, hoje, o fim da nossa existência*. E se busca frequentemente (em todos os países, porque a evolução é geral) justificar coisas que antes tinham valor de fim (finalidade), demonstrando que podem ser usadas, sem dúvida, como meio se com ótimos resultados (por exemplo: a distração e o amor, até a religião). [...] O que não pode provar ser um meio, não tem acesso ao hodierno cosmos de objetos. Por isso: justamente porque não são meios, os *fins* são considerados *desprovidos de objetivo*. *O objetivo dos objetivos consiste, hoje, em ser meios dos meios*. É simplesmente um dado de fato. E a formulação é paradoxal, somente porque o fato é paradoxal (ANDERS, 1963, p. 250).

2.2 Impotência da ética

Encontramo-nos hoje em uma situação de verdadeira impotência da ética. De fato, a ética se descobre incapaz de impedir a tecnologia na efetivação de suas possibilidades. Tudo o que é possível de ser feito parece ter assumido, em nossos dias, legitimidade e, portanto, passa a ser buscado mediante uma espécie de compulsão obsessiva. No bojo do paradigma moderno – antropocêntrico e científico-técnico –, os meios eram empregados para se atingir determinados fins. Naquele contexto, mediante a clássica relação entre instrumentalidade e finalidade, garantia-se uma composição relativamente harmônica entre técnicas e ética. Enquanto a ética se destinava às finalidades últimas, as técnicas se ocupavam dos meios adequados para atingi-las. Era, portanto, a ética que promovia a técnica, enquanto lhe tocava a decisão referente aos fins que deviam, por seu turno, orientar os processos técnicos.

Em nossos dias, essa situação parece ter-se invertido. A tecnociência não necessita mais da ética para lhe prescrever regras e finalidades de seu operar. A ética se descobre condicionada pela tecnociência no sentido de se sentir constrangida a tomar parte de uma realidade artificial. Os fins passam a ser, agora, os resultados dos procedimentos técnicos. O fazer concebido como simples produção de resultados assume o primado sobre o agir concebido como escolha e decisão dos fins. A ética, por sua vez, encontra diante de si os resultados dos procedimentos técnicos e, sem tê-los escolhido, não consegue mais prescindir dos mesmos.

Na "Idade da tecnociência", constata-se o primado de um fazer não finalista. Pressionada pela criação de um mundo cada vez mais artificial, produto das tecnologias contemporâneas, a ética não pode mais dispor de outro referente a não ser a produção técnica contínua. Por caracterizar-se como um fazer não finalista, ela também se revela, ao fim e ao cabo, como impessoal. Em nossos dias, os efeitos desse fazer não são fruto de decisões tomadas pelo agir humano. São, ao contrário, resultados de procedimentos e métodos já em andamento e que tem no saber acumulado sua única base. Nesse sentido, as tecnologias seguem o seguinte raciocínio: os resultados vão se acumulando ao longo de e mediante os próprios procedimentos, de tal forma que os efeitos não possam mais ser reconduzidos aos agentes iniciais.

Nossas éticas, amadurecidas no seio da tradição ocidental, tinham, sem exceção, um referente diverso: cosmológico (Antiguidade Clássica), teológico (Idade Média), antropológico ou ideológico (modernidade). Justamente por seu caráter religioso ou humanista é que tais éticas se encontram hoje em uma situação de inelutável impotência. Elas não conseguem transpor o universo das relações intersubjetivas para alcançar uma realidade artificial, que tem pretensões de universalidade e cuja extensão é, para todos os efeitos, planetária.

Nesse sentido, mesmo tentativas recentes de se propor éticas que acolham os grandes desafios atuais esbarram nessa condicionante antropocêntrica e/ou religiosa. Segundo nos parece, esse é o caso da "Ética da responsabilidade" proposta por Hans Jonas (2006), da "Ética comunicativo-discursiva" de Habermas (2003) e, por fim, da "Ética Global" do teólogo suíço Hans Küng (1992). Na medida em que a referência fundamental para a construção da ética ainda é o ser humano (primeiro e segundo casos) ou a religião (terceiro caso), encontramo-nos ainda referidos ao paradigma antropocêntrico, típico da modernidade ocidental científico-técnica.

Ao propor-nos um esboço de "ética planetária", Leonardo Boff talvez seja o único que, de fato, acolha os desafios postos pela assim chamada "crise ecológica", compreendida como uma crise sistêmica, vale dizer, crise do paradigma civilizacional hegemônico. Por isso mesmo, ele propõe uma ética que se situe no bojo de um novo e emergente paradigma, o ecológico (BOFF, 2001; 2003; 2005; 2012; BOFF; HATHAWAY, 2009).

Uma possível alternativa às éticas amadurecidas no bojo da tradição ocidental talvez pudesse ser proposta a partir da revisitação de experiências e princípios éticos de nossos povos ameríndios, como fizeram, recentemente, as Constituições Plurinacionais dos Estados da Bolívia e do Equador. Ambas as Constituições se inspiraram em princípios éticos das nações e povos Aimara, Quéchua e Guarani para elaborar suas atuais Cartas Magnas. A Constituição do Estado Plurinacional do Equador reconhece os direitos da Terra enquanto superorganismo, elaborando leis que tutelem a justiça ecológica e punam os responsáveis por delitos ambientais. A Constituição da Bolívia recupera e recria o "Bem viver" como princípio ético fundamental de seu Estado Plurinacional. "Bem viver" não é o mesmo que "Viver bem", entendido como "viver melhor", lema de nossas civilizações ocidentais consumistas. "Bem Viver" implica: priorizar a vida, retomar a unidade de todos os povos, aceitando e respeitando as diferenças entre os seres que vivem no mesmo planeta e priorizando os direitos cósmicos (ACOSTA; MARTÍNEZ, 2009a; 2009b, 2011).

2.3 "Fim da história" ou "crepúsculo do tempo"

Outra dimensão constitutiva de praticamente todas as tradições culturais é sua peculiar concepção de tempo. Algumas tradições o concebem como cíclico; para outras, ele é linear; para outras ainda, como é o caso da tradição bíblica, o tempo é escatológico. Há autores que insistem em interpretar o "nosso tempo" caracterizando-o com expressões fortes como, por exemplo, "fim da história" ou "crepúsculo do tempo" (FUKUYAMA, 1992). Tratar-se-ia de conceber a contemporaneidade como fim ou crepúsculo da história concebida como tempo dotado de sentido. Nesse caso, nega-se por completo a história enquanto narrativa que se tece ao redor de sentidos – construídos, desconstruídos e reconstruídos –, em torno de seus três referenciais constitutivos: passado, presente e futuro.

A tecnociência propicia uma relação deveras peculiar para com o tempo. Somos, na verdade, sufocados pelo assim chamado "presentismo", vale dizer, pela expansão do presente que abraça a totalidade do tempo mediante seus tentáculos ameaçadores. O passado se perde na insignificância do "ultrapassado", enquanto o futuro se resolve no "previsto" mediante o "aperfeiçoamento" dos procedimentos tecnológicos. O único tempo reconhecido pelas novas tecnologias é aquele que separa seus produtos em primeira, segunda, terceira e última geração. Ademais, testemunhamos um processo de aceleração crescente do tempo, expresso na insistência em circunscrevê-lo ao âmbito da mera quantidade. Ouve-se, hoje, falar muito de desenvolvimento e de crescimento. Através de ambos os termos, o tempo parece esgotar-se na dimensão do quantitativo, mensurável, cronológico. Não se percebe nele nenhum traço de intensidade. Na idade da tecnociência, encontramo-nos enredados nas malhas sedutoras do *krónos*: aquele tempo cujo ritmo é avassalador, pois vai arrastando sem piedade tudo o que encontra diante de si. As tecnologias consignam o tempo a seus resultados e nada mais.

2.4 "Eficiência": critério decisivo de valor, de sentido e de verdade

Se, de fato, a tecnociência se tornou uma espécie de ambiência na qual o ser humano chega ao conhecimento de si e do mundo no qual vive, isso significa que é a partir desse horizonte de fundo que os seres humanos percebem, pensam e expressam suas relações básicas: consigo mesmo, com seus semelhantes, com o mundo em que vivem e, consequentemente, com tudo o que se situa no conjunto de suas relações. Nesse contexto emergem situações que caracterizaríamos como verdadeiros sintomas dessa nova ambiência promovida pela tecnociência. A cultura do narcisismo, por exemplo, na qual a liberdade da autorrealização é confundida com a impossibilidade de sair do horizonte do eu. Outro exemplo poderia ser a situação de monólogo produzida pela linguagem mediática de hoje.

Nessa nova configuração, a existência das pessoas tomadas singularmente só se justificaria com base na habilidade técnica e na capacidade produtiva dessa mesma pessoa. Nesse caso, a identidade de uma pessoa se resolveria na sua funcionalidade. Em outros termos, seu valor residiria na própria competência e no profissionalismo. E isso porque a tecnociência reconhece como valor supremo e inquestionável a eficiência.

A própria concepção de verdade se encontra, no "mundo da tecnologia", condicionada pela noção de eficácia. A verdade da técnica é, para todos os efeitos, funcional. Verdadeiro é o que surte efeito em termos funcionais. Não mais interessa a busca do conhecimento pelo conhecimento, mas sim do conhecimento utilizável. Trata-se da redução do *logos* à sua dimensão "tecno-lógica" (*téchne* + *logos*). Testemunha-se, portanto, a hegemonia da razão instrumental que, por sua vez, produz um processo duplo e simultâneo de desumanização da pessoa e de desnaturalização da natureza. Em seu exercício, opera-se a tradução dos fins em resultados, o primado do "ser-assim" sobre o "dever-ser"; a redução do desconhecido a incógnita matemática e, enfim, a submissão da novidade à ordem da previsão.

Conclusão

Habitamos um mundo extremamente complexo. Constatamos, ademais, uma situação de indigência do pensamento. Não nos interessa mais o conhecimento como busca de sentido, mas sim o conhecimento aplicável. Por essa razão, a palavra-chave para exprimir o que se compreende hoje por conhecimento é *know-how* (conhecer/saber como); portanto, um conhecimento aplicável, um *saber-como* fazer, um saber que se esgota no instrumental. Não apenas um saber apto a produzir receitas, moldes de leitura e instrumentos para intervir na realidade. A situação é ainda mais grave: descobrimo-nos reféns de um saber que se concebe a si próprio como instrumento. É claro que um saber assim concebido não suporta as questões que vão além da utilidade e da aplicabilidade. Esse saber se revela, para todos os efeitos, vítima de uma indigência. Ele é incapaz de problematizar em profundidade as questões que constituem o horizonte de fundo do cenário atual.

Referências bibliográficas

ACOSTA, A.; MARTÍNEZ, E. *Derechos de la naturaleza*: el futuro es ahora. Quito: Ediciones Abya-Yala, 2009a.

ACOSTA, A.; MARTÍNEZ, E. *El Buen Vivir*: una vía para el desarrollo. Quito: Ediciones Abya-Yala, 2009b.

ACOSTA, A.; MARTÍNEZ, E. *La naturaleza con derechos*: de la filosofía a la política. Quito: Ediciones Abya-Yala, 2011.

ANDERS, G. *L'uomo è antiquato*: considerazioni sull'anima nell'era della seconda rivoluzione industriale. Milão: Il Saggiatore, 1963.

ASSMANN, H.; HINKELAMMERT, F. *A idolatria do mercado*: ensaio sobre economia e teologia. São Paulo: Paulinas, 1989.

BAUMAN, Z. *Vida para consumo*: a transformação das pessoas em mercadoria. Rio de Janeiro: Zahar, 2008.

BOFF, L. *Ética e ecoespiritualidade*. Campinas: Verus, 2001.

BOFF, L. *Éthos mundial*. Rio de Janeiro: Sextante, 2003.

BOFF, L. *Ética da vida*. Rio de Janeiro: Sextante, 2005.

BOFF, L. *O cuidado necessário*. Petrópolis: Vozes, 2012.

BOFF, L.; HATHAWAY, M. *O Tao da libertação*: explorando a ecologia da transformação. Petrópolis: Vozes, 2009.

CASTELLS, M. *A sociedade em rede*. Rio de Janeiro: Paz e Terra, 2003.

FUKUYAMA, F. *O fim da história e o último homem*. Rio de Janeiro: Rocco, 1992.

GALIMBERTI, U. *Psiche e techne*: o homem na idade da técnica. São Paulo: Paulus, 2006.

GORZ, A. A crise e o êxodo da sociedade salarial. *Cadernos IHU. Ideias* 31. São Leopoldo: Unisinos, 2005a.

GORZ, A. *O imaterial*. São Paulo: Annablume, 2005b.

HABERMAS, J. *Consciência moral e agir comunicativo*. Rio de Janeiro: Tempo Brasileiro, 2003.

JONAS, H. *O princípio de responsabilidade*: ensaio de uma ética para a civilização tecnológica. Rio de Janeiro: Contraponto/Editora PUC Rio, 2006.

KÜNG, H. *Projeto de ética mundial*: uma moral ecumênica em vista da sobrevivência humana. São Paulo: Paulinas, 1992.

LEMOS, A. *Cibercultura*: tecnologia e vida social na cultura contemporânea. Porto Alegre: Sulina, 2002.

LIPOVETSKY, G. *O império do efêmero*: a moda e seu destino nas sociedades modernas. São Paulo: Companhia das Letras, 2006.

MARCHESINI, R. Uma hermenêutica para a tecnociência. In: NEUTZLING, I.; ANDRADE, P. F. C. de (Org.). *Uma sociedade pós-humana*: possibilidades e limites das nanotecnologias. São Leopoldo: Unisinos, 2009.

MOREIRA, A. (Org.). *O capitalismo como religião*. Goiânia: Ed. da PUC-Goiás, 2012.

MO SUNG, J. *Idolatria do capital e a morte dos pobres*. São Paulo: Paulinas, 1989.

POLANYI, K. *A grande transformação*: as origens da nossa época. Rio de Janeiro: Campos, 2000.

PUNTEL, J. *Cultura Midiática e Igreja. Uma nova ambiência*. São Paulo: SEPAC/Paulinas, 2005.

PUNTEL, J. *Comunicação. Diálogo dos saberes na cultura midiática*. São Paulo: SEPAC/Paulinas, 2010.

SODRÉ, M. *Antropológica do espelho*: uma teoria da comunicação linear e em rede. Petrópolis: Vozes, 2002.

CAPÍTULO II
Ecologia integral: a emergência de um novo paradigma[1]

Introdução

"Ecologia integral" pode, à primeira vista, dar a impressão de redundância, posto que o termo "ecologia", compreendido a partir dos étimos que o compõem (*oíkos* + *lógos*), remete-nos a princípios que regem uma convivência harmônica no seio da casa comum. E a conclusão, portanto, resulta óbvia: a integralidade se torna condição imprescindível para que se possa falar em ecologia. Como é noto, "ecologia" constitui um neologismo criado pelo biólogo alemão Ernst Häckel que, em sua obra *Generale Morphologie der Organismen*, publicada em 1866, escreve:

> Por ecologia entendemos a ciência do relacionamento dos organismos com o mundo exterior, em que podemos reconhecer de uma maneira ampla os fatores da luta pela existência. [...] Às condições

---

[1] Este texto, com algumas mudanças, foi publicado sob o título "Ecologia integral: um novo paradigma", em FOLMANN, J. I. (Org.). *Ecologia integral*: abordagens (im)pertinentes. v. I. Disponível em: http://www.casaleiria.com.br/acervo/follmann/ecologiaintegral/v1/index.html.

de existência de natureza inorgânica a que cada organismo deve submeter-se, pertencem, em primeiro lugar, as características físicas e químicas do *habitat*, o clima (luz, temperatura, umidade e letrização da atmosfera), a qualidade da água, a natureza do solo etc. Sob o nome de condições de existência compreenderemos o conjunto de relações dos organismos entre si, relações favoráveis ou desfavoráveis (HÄCKEL, 1866; apud: KERBER, 2006, p. 71).

Salta à vista, portanto, a escolha da relação como fio que une em uma espécie de teia a complexidade dos organismos entre si. Inscrita na própria definição de ecologia – "ciência do *relacionamento* dos organismos com o mundo exterior" –, ela também se revela intrínseca à concepção das "condições da existência" da relação entre organismos e natureza inorgânica: "Conjunto de *relações* dos organismos entre si".

Isso posto, qual a razão de se falar em "ecologia integral"? Toda ecologia não seria, ao fim e ao cabo, integral? Qual o sentido, portanto, de acrescentar o adjetivo integral ao substantivo ecologia? A motivação última para se continuar falando em "ecologia integral" talvez seja a intenção de salientar a complexidade inerente à ecologia enquanto tal, mediante a distinção de cada uma de suas dimensões constitutivas e a articulação de todas elas na composição de uma intrincada trama.

1. Distinção e explicitação de dimensões constitutivas de ecologia

Ao longo das últimas décadas, sentiu-se a necessidade de acrescentar adjetivos ao substantivo "ecologia" para, assim, explicitar dimensões outras que não fossem redutíveis ao âmbito da biologia. E isso se deu, basicamente, pelo fato de o termo "ecologia" ter sido, impropriamente, identificado sempre mais com "ambiente" apenas. E, consequentemente, discursos e práticas ecológicos foram sendo cada vez mais compreendidos como relativos única e exclusivamente à defesa do ambiente, concebido como mero cenário da presença e atividade humanas. Em última instância, reduzir a complexidade da ecologia à dimensão ambiental trairia a presença do inveterado antropocentrismo moderno.

Não temos, aqui, a pretensão de reconstituir o inteiro processo no interior do qual foram acrescentados adjetivos à ecologia para explicitar várias de suas dimensões constitutivas, no intuito de articulá-las reciprocamente e não de separá-las e menos ainda de contrapô-las. De resto, nem seria aqui o lugar para fazê-lo (KERBER, 2006, p. 61-85). A esse propósito, Félix Guattari tornou-se um autor de referência ao propor três ecologias: natural, social e mental (GUATTARI, 1990). A ecologia *natural* se ocuparia do ambiente e questões conexas; a *social*, das questões referentes às relações intersubjetivas e sociais; e a *mental* diria respeito à subjetividade das pessoas.

No fundo, a explicitação das outras dimensões se deu a partir da delimitação da assim chamada "ecologia natural" ou "ambiental". A ecologia *social* se desenvolveu mais no sul global (SHIVA, 1991) e, de modo especial, no continente latino-americano (GUDYNAS, 1988; 1991). Nessas latitudes, buscou-se articular o grito da Terra ao grito do pobre, desmascarando a cumplicidade entre crise ambiental e injustiça econômico-social. O pressuposto de base de tal posição é que os limites da Terra coincidem com os limites do capitalismo neoliberal (BOFF, 2009, p. 42).

No que tange à ecologia *mental* – também conhecida pelo nome de ecologia *profunda* (*Deep ecology*) –, afirma-se que a natureza é também interior ao ser humano e que, portanto, se dá na mente sob a forma de energias psíquicas, símbolos, arquétipos, padrões de comportamento e mentalidades que exprimem atitudes de agressão ou de acolhimento e cuidado (BATESON, 1985; NAESS, 2017).

Com o passar dos anos, porém, tem ficado cada vez mais claro que, para salvaguardar a amplitude do termo "ecologia", necessitaríamos imaginá-la como uma nova arte, um novo paradigma a pautar nossas relações com o sistema-Vida e com o sistema-Terra. Daí a oportunidade de concebê-la como um novo paradigma civilizacional, acrescentando ao termo "ecologia" mais um adjetivo, no caso, "espiritual-integral", que corresponda a uma quarta dimensão, de importância capital para amalgamar as outras três já conhecidas. Daí a razão de se falar em "quatro ecologias" (BOFF, 2012). Nesse caso, ecologia seria concebida a partir de uma visão sistêmica e, portanto, como singular complexidade composta de quatro dimensões: ambiental, social, mental e espiritual/integral. Na esteira de posições epistemológicas de F. Capra ("pensar sistêmico"), E. Morin ("pensar complexo") e Boaventura de Sousa Santos ("ecologia do saber"), Boff cria outro neologismo: o verbo "ecologizar". Escreve ele:

> Impõe-se, pois, a tarefa de ecologizarmos tudo que fazemos e pensamos, rejeitarmos os conceitos fechados, desconfiarmos das causalidades unidirecionadas, nos propormos a ser inclusivos contra todas as exclusões, conjuntivos contra todas as disjunções, holísticos contra todos os reducionismos, complexos contra todas as simplificações. Assim, o novo paradigma começa a fazer a sua história (BOFF, 1995, p. 32).

Com a publicação da encíclica *Laudato Si'*, o neologismo "ecologia integral" alcançou uma difusão bem mais ampla, graças ao carisma e à força ilocucionária de seu autor, o Papa Francisco. De fato, no capítulo IV da encíclica, ele propõe a ecologia integral como inclusão da ecologia ambiental, econômico-social, cultural e da vida cotidiana (cf. LS, nn. 138-155).

2. *Laudato Si'*: ecologia integral como "novo" paradigma

De início, salientamos o insistente apelo do Papa Francisco na *Laudato Si'* de que é preciso ouvir o clamor da Terra e o clamor dos pobres e articulá-los reciprocamente. Razão pela qual julgamos que a proposta do cuidado responsável para com o planeta, nossa casa comum, mediante a assunção de um novo paradigma civilizacional, seja uma das principais notas distintivas da *Laudato Si'*. Empregamos o termo "paradigma", aqui, no sentido de um sistema disciplinado mediante o qual organizamos nossa relação conosco mesmos, com as demais pessoas e com o conjunto da realidade na qual estamos inseridos. Essa posição por nós defendida se desdobra em três proposições que estabelecem entre si uma relação pericorética, caracterizada pela simultaneidade entre mútua recepção e recíproca compenetração. São elas: (1) a índole mistérica e complexa do real; (2) uma nova epistemologia: reconhecer, compreender e curar; (3) a consciência de que desafios complexos demandam práticas e saberes integrais (TAVARES, 2016, p. 59-80).

2.1. A índole *mistérica* e *complexa* do real

Opondo-se diametralmente à fragmentação epistemológica e existencial, hegemônica no Ocidente, o Papa Francisco propõe um paradigma alternativo que brota da experiência/consciência da índole mistérica e complexa da inteira realidade criada. Gostaríamos de salientar o horizonte no interior do qual se situa o discurso do papa na *Laudato Si'*. Esse horizonte é responsável pelo tom do discurso nela proposto. O horizonte é marcado pela gratuidade, expressa no enternecimento para com as criaturas do universo, e seu tom é de esperança. Remetendo-nos à ternura e ao cuidado de Francisco de

Assis para com as criaturas, escreve o papa: "O mundo é algo mais do que um problema a resolver; é um mistério gozoso que contemplamos na alegria e no louvor" (n. 12). E essa atitude contemplativa do papa não compromete minimamente a crítica contundente às raízes últimas do atual estado de degradação no qual se encontra o planeta, nossa casa comum. Ele articula dialeticamente textos extremamente críticos com relação à presente situação com textos de bela poesia, reveladores de uma alma profundamente contemplativa. Seu discurso não apenas nos desperta para a beleza da criação ou para a inalienável dignidade de cada criatura como também nos interpela, ao desvelar a real situação de cumplicidade entre tecnociência, economia e política, desmascarando os reais interesses do paradigma tecnocrático.

A consciência de que "tudo está em relação" constitui uma espécie de *leitmotiv* que retorna sempre no decorrer da encíclica. Nesse sentido, além de ser pressuposto de tudo quando se afirma no decorrer da mesma, essa consciência é explicitada em pontos cruciais do discurso do papa. A afirmação de que tudo está em relação, com pequenas variações, recorre com frequência ao longo da encíclica. Já na introdução, o Papa Francisco reconhece o sentimento de pertença que une todas as criaturas entre si. Escreve ele:

> Crescemos pensando que éramos seus proprietários e dominadores, autorizados a saqueá-la. [...] Esquecemo-nos de que nós mesmos somos terra (cf. Gn 2,7). O nosso corpo é constituído pelos elementos do planeta; o seu ar permite-nos respirar, e a sua água vivifica-nos e restaura-nos (n. 2).

Compreende-se, portanto, o apelo do papa não apenas aos cristãos como também a todos os cidadãos do planeta, autênticos "filhos da terra". Esse apelo é pela aliança entre os vários saberes da sociedade: entre as ciências e as religiões, entre as culturas dos povos originários e do povo em geral, incluindo a arte e a poesia, a vida interior e a espiritualidade. O Papa Francisco formula esse apelo já nos primeiros parágrafos da *Laudato Si'*, nos seguintes termos:

> Lanço um convite urgente a renovar o diálogo sobre a maneira como estamos a construir o futuro do planeta. Precisamos de um debate que nos una a todos, porque o desafio ambiental, que vivemos, e as suas raízes humanas dizem respeito e têm impacto sobre todos nós (n. 14).

2.2 Uma nova epistemologia: *reconhecer, compreender* e *curar*

O papa tem consciência de que vivemos em uma civilização extremamente complexa. Reiteradas vezes ele se refere a uma interconexão que atravessa a totalidade dos fenômenos. E a consequência é que se torna cada vez mais difícil captar as questões do "nosso tempo", que se revelam sempre mais em seu caráter multidimensional, com um saber compartimentado e uma lógica linear. A agravar ainda mais a situação é a condição de indigência do pensamento da qual nos tornamos reféns. O papa parece deflagrar uma inadequação entre o saber e a realidade. A fragmentação do nosso saber ocidental hegemônico é incapaz de compreender "o que está tecido em conjunto", o que é complexo (*cum + plexus*), segundo a etimologia do termo. Por essa razão, ele propõe um novo paradigma epistemológico que seja inclusivo em seu modo de conhecer. Em vez de adotar a *disjunção* ou a *redução* como métodos sistemáticos de compreensão dos fenômenos, o novo paradigma proposto pelo papa elege a *distinção* e a *articulação* como mediações para se escapar da divisão ou da separação em vista de uma compreensão cada vez mais integral, como expresso na própria etimologia do termo (*cum + prehendere*).

A explicitação dessa nova epistemologia revela a guinada efetuada pelo Papa Francisco no sentido de não conceber mais os fenômenos a partir de uma lógica linear e rigidamente compartimentada, que insiste em dividir em partes a realidade em sua irredutível complexidade. Estamos convencidos de que, na *Laudato Si'*, o Papa Francisco encarna uma nova sensibilidade epistemológica. Daí a disponibilidade em reviver a experiência originária do conhecer como nascer junto (*cum* + *nascere*) e, portanto, reconhecer as coisas a partir de uma relação constitutiva e vital para com as mesmas. O papa se dispõe, ainda, a recuperar o verdadeiro sentido de compreensão (*cum* + *prehendere*) como articulação entre as várias dimensões que compõem a complexidade do real: um saber inclusivo, tecido mediante os processos recíprocos e complementares da distinção e da conjunção.

E se dispõe, sobretudo, a redescobrir o sentido mais originário do pensar como curar. De fato, *pensum*, em latim, era uma espécie de unguento que se colocava sobre a ferida para protegê-la e, ao mesmo tempo, curá-la. Essas ressonâncias etimológicas nos remetem a dimensões intrínsecas de todo conhecimento humano, tais como: a gratuidade, a generosidade e a ética. Lendo a *Laudato Si'*, convencemo-nos sempre mais de que o Papa Francisco esteja interpelando-nos a pensar juntos com o intuito de curar as feridas abertas de nossa realidade humana, histórica e cósmica. Esta parece ser a motivação última do apelo à aliança entre os vários saberes, em vista do cuidado da casa comum, o nosso planeta.

2.2.1 Distinguir e articular para compreender

No decorrer de sua exposição, o papa adota sistematicamente um método de análise composto de três momentos reciprocamente implicados: distinguir, articular e compreender. E, naturalmente, esses três momentos estão direcionados à destinação ética de todo conhecimento, expressa na semântica do curar. Extremamente coerente ao método adotado, o Papa Francisco alcança uma análise aguda e crítica, revelando uma peculiar coerência e organicidade entre o conteúdo e a forma de seu discurso.

No capítulo I, o papa distingue os principais sintomas da crise ecológica global: poluição e mudanças climáticas, a questão da água, perda da biodiversidade, deterioração da qualidade de vida humana e degradação social, desigualdade planetária. Constata, ao final, a fraqueza das reações e a diversidade de opiniões sobre a crise ecológica global. Por meio dessas distinções, ele capta fenômenos reveladores de uma crise mais profunda que, por isso mesmo, necessita não só de uma análise mais aguda e profunda, propiciada pelos vários saberes, como também de uma visão contemplativa oriunda da tradição de fé cristã.

Nesse particular contexto, insere-se o capítulo II, com o sugestivo título de "O evangelho da criação". Após justificar a contribuição que a fé cristã pode oferecer ao rico mosaico das perspectivas culturais atuais, o papa destaca a sabedoria oriunda das narrações bíblicas que nos falam de "criação", fonte a partir da qual emergem as dimensões constitutivas da visão cristã acerca das realidades criadas, a saber: o mistério do universo, a singularidade de cada criatura no conjunto harmonioso da inteira criação, a comunhão universal e o destino comum dos bens. Aqui também o papa distingue as várias dimensões da cosmovisão cristã para compreendê-las integralmente mediante a articulação entre todas elas. E conclui o capítulo remetendo-nos ao "olhar de Jesus", referência permanente para toda perspectiva que se pretenda cristã.

Uma vez explicitada a compreensão cristã da criação, o papa se propõe a ver mais profundamente o que está acontecendo com nossa casa comum. Trata-se agora de uma visão mais aguda e penetrante, pois, depois de considerar os sintomas da atual crise e de rememorar as fontes cristãs no que diz respeito à criação, o papa busca atingir as raízes da crise ecológica. Trata-se, em nossa opinião, de um ver duplamente crítico. Ele é crítico, em primeiro lugar, por querer ir além dos simples sintomas, daqueles fenômenos que simplesmente aparecem diante de nossos olhos. O papa quer ver melhor e ver bem as raízes desses fenômenos que, juntos, constituem a crise ecológica. E essa peculiar visão ele a alcança mediante o recurso a um instrumental analítico rigoroso e crítico.

Mas o ver do papa é crítico, ademais, posto tratar-se de visão provocada e sustentava pela fé em seu legítimo desejo de lucidez e eficácia. Nesse caso, não se quer ver mais e melhor apenas para se ter uma visão mais crítica e pertinente da realidade que nos cerca. Quer-se ver mais e melhor para, com maior lucidez e eficácia, tomar decisões e assumir posições que façam jus à gravidade e urgência dessa crise ecológica e, ao mesmo tempo, correspondam aos apelos mais genuínos da fé cristã. Trata-se, em suma, de ser honesto ante a realidade, discernindo no aqui e agora os apelos do Deus de Jesus Cristo.

No capítulo III, "A raiz humana da crise ecológica", o papa inicia distinguindo vantagens e desvantagens produzidas pela tecnociência. Interessante notar que o Papa Francisco não é antimoderno, posto que reconhece os avanços produzidos pela técnica na melhoria das condições de vida, no aumento do bem-estar e da expectativa de vida. Contudo, ele não é ingênuo. Desmascara o interesse último da tecnociência, que é controle e poder sobre a vida em todas as suas dimensões e expressões. Ele chega a caracterizar o paradigma hegemônico de nossa civilização contemporânea como sendo tecnocrático. Nesse contexto ele situa a crise do antropocentrismo moderno, e suas consequências,[2] e do relativismo prático. Lembra a necessidade de defender o trabalho e menciona as questões ligadas à inovação biológica a partir da pesquisa.

Essa visão/discernimento, portanto, se conclui com o capítulo IV, "Uma ecologia integral". Trata-se da proposta que o papa faz a partir da compreensão crítica da crise ecológica confrontada com os valores do "evangelho da criação". A esse propósito, ele distingue o "clamor do pobre" do "clamor da terra". Ele não os separa nem os confunde. Ele os distingue para poder articulá-los mais e melhor em vista de uma sadia potencialização recíproca entre ambos (BOFF, 2016, p. 15-23). Entre tantos textos no decorrer da encíclica que distinguem e articulam a questão ambiental com a questão social, elegemos um que se destaca pela contundência da expressão do papa:

> Não há duas crises separadas: uma ambiental e outra social; mas uma única e complexa crise socioambiental. As diretrizes para a solução requerem uma abordagem integral para combater a pobreza, devolver a dignidade aos excluídos e, simultaneamente, cuidar da natureza (n. 139).

O capítulo IV é composto dos seguintes temas que revelam o que o papa compreende por "ecologia integral": ecologia ambiental, econômica e social, ecologia cultural, ecologia da vida cotidiana, o

---

[2] No capítulo terceiro da *Laudato Si'*, intitulado "A raiz humana da crise ecológica", o papa dedica um parágrafo inteiro à crise do antropocentrismo moderno e suas consequências (nn. 115-123). Ali, ele critica tão duramente o antropocentrismo moderno que, na sequência, se sente na necessidade de alertar-nos contra o risco da concepção oposta que negaria a dignidade peculiar da pessoa humana no complexo da criação (RIBEIRO DE OLIVEIRA, 2016, p. 90-102). São contundentes as palavras do papa, a este propósito: "Não somos Deus. A terra existe antes de nós e foi-nos dada" (n. 67). E ainda: "Esta responsabilidade perante uma terra que é de Deus implica que o ser humano, dotado de inteligência, respeite as leis da natureza e os delicados equilíbrios entre os seres deste mundo" (n. 68).

princípio do bem comum e a justiça intergeracional. Recorre, mais uma vez, ao exercício de distinções e articulações imprescindíveis para a reta compreensão do que ele propõe como "ecologia integral".

Na sequência, o Papa Francisco oferece, no capítulo V, "Algumas linhas de orientação e ação". Trata-se, sem dúvida, da proposta do encontro e do diálogo entre as várias instâncias, a saber: na política internacional, nas políticas nacionais e locais, nos processos decisórios, entre a política e a economia e entre as religiões e as ciências. E, conclui, no capítulo VI, recordando-nos a importância da "Educação e espiritualidade ecológicas". Também aí o papa distingue iniciativas e políticas locais de outras globais. Essa distinção se torna deveras importante quando se busca maior efetividade das mesmas, fruto de uma correta e sadia articulação entre o local e o global.

Nesse sentido, o Papa Francisco alerta-nos para a necessária e urgente construção de um paradigma de desenvolvimento alternativo, com respeito ao atual modelo de desenvolvimento. Trata-se de uma verdadeira conversão do atual modelo de desenvolvimento global. E os elementos que, segundo o papa, caracterizarão esse modelo alternativo de desenvolvimento global são, entre outros, a concepção do ambiente como um bem coletivo, a defesa do trabalho e dos povos indígenas e, por fim, o papel dos movimentos sociais e das organizações da sociedade civil. Estes dois últimos elementos, de modo particular, viriam preencher o vazio político denunciado com veemência pelo Papa Francisco na encíclica.

2.2.2 Autonomia e mutualidade entre as distintas relações

Dos vários temas tratados no último capítulo da encíclica, destacamos o da "conversão ecológica" (SUSIN, 2016, p. 40-51). Tema novo e desafiador que, segundo o papa, constitui condição irrenunciável para uma conversão integral. Nesse tópico, o Papa Francisco recorre mais uma vez a suas sutis distinções e articulações.

No caso, ele distingue a autonomia da mutualidade entre as várias dimensões que compõem a relacionalidade constitutiva de seres humanos. A complexidade de nossas relações exige que toda autonomia seja relativa, isto é, relacional, sob o pressuposto da vigência de uma intrínseca reciprocidade entre todas elas em seu conjunto. Pois, na verdade, as relações se intercomunicam, uma vez que somos nós os sujeitos que as vivemos. De fato, cada vez é a mesma pessoa que se experimenta em uma relação de interioridade para consigo próprio e, ao mesmo tempo, em uma relação intersubjetiva, comunitária, social e cósmica. A pessoa que as vive e que se encontra enredada nas malhas dessa inter-relacionalidade é quem dá unidade às distintas relações. No entanto, tais relações, apesar de vividas pela mesma pessoa, se distinguem umas das outras. E, uma vez que constituem cada qual uma relação específica, necessitamos acolhê-las e reconhecê-las respeitando a especificidade de cada uma delas.

Por essa razão, é fundamental reconhecer a relativa autonomia de uma relação ante as outras. E isso não fere minimamente a mutualidade e a reciprocidade dessas mesmas relações entre si. Autonomia e mutualidade constituem a complexidade das distintas relações vividas pelo ser humano no cotidiano de sua vida. Daí a conclusão de que cada uma dessas dimensões relacionais necessita de intervenções que respeitem seu dinamismo e ritmo próprios. Embora estejam intrinsecamente relacionados, o pessoal, o interpessoal, o comunitário, o social e o cósmico, cada um deles possui dinamismos próprios e regras relativamente autônomas. Não desfrutam de autonomia absoluta, obviamente; todavia, de uma autonomia relativa. As coisas não se misturam, sem mais. As mudanças não ocorrem sob o assim chamado "efeito dominó". As transformações se dão também de forma complexa, uma vez que os desafios e as possibilidades também são efetivamente complexos. Por essa razão, vale a pena atentar para a advertência feita pelo Papa Francisco:

Todavia, para se resolver uma situação tão complexa como esta que enfrenta o mundo atual, não basta que cada um seja melhor. Os indivíduos isolados podem perder a capacidade e a liberdade de vencer a lógica da razão instrumental e acabam por sucumbir a um consumismo sem ética nem sentido social e ambiental. Aos problemas sociais responde-se, não com a mera soma de bens individuais, mas com redes comunitárias (n. 219).

Fruto dessa peculiar argumentação do papa é a organicidade de seu discurso e a profunda coerência entre o conteúdo de sua reflexão e a metodologia por ele empregada. Cumpre, ao final, ressaltar que o próprio papa faz questão de explicitar os eixos que atravessam o texto inteiro da encíclica:

> [...] Por exemplo: a relação íntima entre os pobres e a fragilidade do planeta, a convicção de que tudo está estreitamente interligado no mundo, a crítica do novo paradigma e das formas de poder que derivam da tecnologia, o convite a procurar outras maneiras de entender a economia e o progresso, o valor próprio de cada criatura, o sentido humano da ecologia, a necessidade de debates sinceros e honestos, a grave responsabilidade da política internacional e local, a cultura do descarte e a proposta dum novo estilo de vida. Estes temas nunca se dão por encerrados nem se abandonam, mas são constantemente retomados e enriquecidos (n. 16).

2.3 Desafios *complexos* demandam práticas e saberes *integrais*

Reconhecemos uma espécie de nó a enredar os fios da inteira tessitura da *Laudato Si'*: a consciência de que desafios complexos demandam práticas e saberes integrais. Lendo a encíclica, salta à vista a consciência da complexidade das questões relativas à crise socioambiental. Reiteradas vezes, o papa explicita alguns de seus pressupostos, dentre os quais: que todas as coisas, instâncias e saberes estão interligados; que não se trata de várias crises, mas de uma única crise: complexa e global; que é preciso articular o local ao global. A explicitação destes pressupostos exprime a guinada paradigmática operada pelo Papa Francisco.

E a conclusão deste percurso é que, ao propor vias alternativas à crise socioambiental, o papa sugere uma "ecologia integral", apresentando-a como consequência orgânica de uma espiritualidade, também essa integral, que demanda a conversão ecológica como condição de possibilidade da conversão integral. Como se percebe, o adjetivo "integral" é a marca característica não apenas das vias alternativas à crise, mas como também das dimensões constitutivas da fé cristã. Por essa razão, a complexidade dos fenômenos que, juntos, constituem a crise socioambiental não nos permite soluções que não sejam integrais. Qualquer solução parcial restaria aquém da gravidade e da urgência dos desafios que nos são hoje postos.

Conclusão

Gostaríamos, ao final, de recolher e enlaçar, ainda que de forma sucinta, algumas questões que foram emergindo no decorrer da exposição. Concebe-se ecologia como uma singular complexidade composta de quatro dimensões: ambiental, social, mental e espiritual/integral. Compreende-se paradigma, aqui, em seu sentido amplo, vale dizer: conjunto de modelos ou de padrões a partir dos quais a sociedade atual se orienta e organiza o conjunto de suas relações. Emprega-se o termo "paradigma", portanto, no sentido de um sistema disciplinado, mediante o qual organizamos nossa relação conosco mesmos, com as demais pessoas e com o conjunto da realidade na qual estamos inseridos. Resta-nos, ainda, justificar a presença do adjetivo "novo" acompanhando o substantivo "paradigma". "Novo", aqui, não significa recente, nem "de moda", menos ainda "de última geração". Emprega-se o adjetivo novo no sentido de "alternativo". Ao se falar, portanto, em novo paradigma quer-se referir à emergência de possíveis alternativas ao paradigma hegemônico que vem, *grosso modo*, caracterizando o tempo presente mediante a imposição da tecnociência, do mercado e da mídia (TAVARES, 2014a, p. 382-401). Propõe-se, em suma, a emergência de um novo paradigma civilizacional, precisamente o ecológico, apresentado como uma trama tecida em torno de três nós: complexidade, sustentabilidade e cuidado (TAVARES, 2014b, p. 13-24). Que tipo de relação haveria, eventualmente, entre velho e novo paradigma? Como dizia Zygmunt Bauman: "O velho mundo está morrendo. Mas o novo ainda não nasceu". O embate entre velho e novo paradigma se daria, segundo nos parece, no interior mesmo de um único processo histórico em que o novo paradigma vai emergindo mediante um processo duplo e simultâneo: a radicalização das contradições do paradigma hegemônico e a potencialização dos veios alternativos que despontam em meio a suas contradições internas.

Referências bibliográficas

BATESON, G. *Pasos hacia una ecologia de la mente*. Buenos Aires: Carlos Lohlé, 1985.

BOFF, L. *Ecologia*: grito da terra, grito dos pobres. São Paulo: Ática, 1995.

BOFF, L. A última trincheira: temos que mudar – Economia e ecologia. In: BEOZZO, J. O.; VOLANIN, C. J. (Org.). *Alternativas à crise*: por uma economia social e ecologicamente responsável. São Paulo: Cortez, 2009.

BOFF, L. *As quatro ecologias*: ambiental, política e social, mental e integral. Rio de Janeiro: Mar de Ideias, 2012.

BOFF, L. A encíclica do Papa Francisco não é "verde", é integral. In: MURAD, A.; TAVARES, S. S. *Cuidar da casa comum*: chaves de leitura teológicas e pastorais da *Laudato Si'*. São Paulo: Paulinas, 2016.

FRANCISCO. *Laudato Si'* (Louvado sejas): sobre o cuidado da casa comum. São Paulo: Paulus/Loyola, 2015.

GUATTARI, F. *As três ecologias*. Campinas: Papirus, 1990.

GUDYNAS, E. *Ensayo de conceptualización de la ecología social:* una visión latino-americana. Montevideo: Cuadernos Latinoamericanos de Ecología social, 1988.

GUDYNAS, E. *La praxis por la vida*: introducción a las metodologías de la ecología social. Montevideo: CIPFE/CLAES/NORDAN, 1991.

KERBER, G. *O ecológico e a teologia latino-americana*: articulações e desafios. Porto Alegre: Sulina; Genebra: Conselho Mundial de Igrejas, 2006.

NAESS, A. *Une écosophie pour la Vie*: introductión à l'écologie profonde. Paris: Du Seuil, 2017.

RIBEIRO DE OLIVEIRA, P. A difícil integração humana na comunidade de vida da Terra. In: MURAD, A.; TAVARES, S. S. *Cuidar da casa comum*: chaves de leitura teológicas e pastorais da *Laudato Si'*. São Paulo: Paulinas, 2016.

SANTOS, B. S. *Justicia entre saberes*: epistemologías del Sur contra el epistemicidio. Madrid: Ediciones Morata, 2017.

SHIVA, V. *Abrazar la vida*: mujer, ecología y supervivencia. Montevidéu: Instituto del Tercer Mundo, 1991.

SUSIN, L. C. Conversão ecológica: "conversão da conversão". In: MURAD, A.; TAVARES, S. S. *Cuidar da casa comum*: chaves de leitura teológicas e pastorais da *Laudato Si'*. São Paulo: Paulinas, 2016.

TAVARES, S. S. Entre a cruz e a espada: a religião no mundo da tecnociência, do mercado e da mídia. *Horizonte*, Belo Horizonte, v. 12, p. 382-401, abr./jun. 2014a.

TAVARES, S. S. Ecologia: um novo paradigma. In. TAVARES, S. S.; BRUNELLI, D. *Evangelização em diálogo*: novos cenários a partir do paradigma ecológico. Petrópolis: Vozes/ITF, 2014b.

TAVARES, S. S. Evangelho da criação e ecologia integral: uma primeira *recepção* da *Laudato Si'*. *Perspectiva Teológica*, Belo Horizonte, v. 48, n. 1, p. 59-80, 2016.

CAPÍTULO III

Modernidade-colonialidade: sistemático recurso ao expediente de "naturalização"

Introdução

Na opinião de não poucos historiadores, o ano de 1492 inaugura o que se convencionou chamar de "modernidade". Todavia, ao se referir à modernidade, pensa-se geralmente no protagonismo exercido pelas monarquias europeias no cenário mundial a partir de então. E isso graças, sobretudo, às invectivas mercantilistas das navegações ibéricas, francesas, britânicas e holandesas. Mantém-se no esquecimento, com frequência, que modernidade e colonialismo são duas faces da mesma moeda. E que, portanto, o colonialismo é constitutivo da modernidade e não apenas um fenômeno derivado da mesma. O protagonismo moderno da Europa, cujo ápice se deu séculos mais tarde, na Revolução Industrial, só se consolidou graças a dois expedientes tipicamente colonialistas: a pilhagem dos bens naturais, metais preciosos e especiarias de alto valor por unidade de peso, e a exploração do trabalho forçado de negros trazidos de fora e de indígenas, reduzidos a escravos. A título de exemplo, bastam-nos alguns dados que se encontram registrados nos arquivos de Sevilha: entre 1503 e 1660, 185 toneladas de ouro e 16 mil toneladas de prata foram levados da América para a Europa. Quem ousaria calcular o montante de dólares atuais correspondentes a essa pilhagem!

As conhecidas posições de K. Löwith e de H. Blumenberg confirmam a tese eurocêntrica de que a modernidade teria suas origens circunscritas apenas à Europa ocidental. Löwith, por exemplo, caracteriza a modernidade como um processo de "secularização da fé cristã" no interior do qual se teria operado uma transformação do conteúdo teológico em conteúdo secular. A concepção medieval da "providência divina" teria aos poucos sido substituída pelo progresso da humanidade no seu devir histórico. O verdadeiro condutor da história e, portanto, seu novo sujeito, no horizonte de uma concepção não mais religiosa, mas laica do mundo, não seria mais Deus, mas o ser humano (LÖWITH, 1965). Blumenberg, ao contrário, concebe a novidade dos tempos modernos como expressão da atitude de autoafirmação humanista contra o Deus cristão. No contexto daquela específica e histórica evolução da concepção cristã de Deus, que se acabou degenerando em um verdadeiro absolutismo teológico, ao ser humano não restava outra saída viável senão rebelar-se contra aquela configuração religiosa e cultural em busca da própria autonomia. A modernidade seria, em tal caso, fruto de um processo de emancipação do ser humano ante o absolutismo da concepção do Deus cristão (BLUMENBERG, 1992). Apesar de interpretarem a novidade da modernidade com base em distintos pressupostos – secularização um e emancipação outro –, todos confluem na comum atitude de legitimar a novidade dos tempos modernos a partir de suas condições históricas de emergência, situadas no universo simbólico medieval e, portanto, circunscritas única e exclusivamente ao espaço europeu ocidental.

1. Colonialidade: a face ocultada da modernidade

A leitura que faz Dussel, entre outros, do fenômeno histórico da modernidade é bem outra. Escreve, de fato, ele:

> Si la Modernidad tiene un núcleo racional *ad intra* fuerte, como "salida" de la Humanidad de un estado de inmadurez regional, provinciana, no planetaria; dicha Modernidad, por otra parte *ad extra*, realiza un proceso irracional que se oculta a sus propios ojos. Es decir, por su contenido secundario y negativo mítico, la Modernidad es justificación de una praxis irracional de violencia. El mito podría describirse así: 1) La civilización moderna se auto comprende como más desarrollada, superior (lo que significará sostener sin conciencia una posición ideológicamente eurocéntrica); 2) La superioridad obliga a desarrollar a los más primitivos, rudos, bárbaros, como exigencia moral; 3) El camino de dicho proceso educativo de desarrollo debe ser el seguido por Europa (es, de hecho, un desarrollo unilineal y a la europea, lo que determina, nuevamente sin consciencia alguna, la "falacia desarrollista"); 4) Como el bárbaro se opone al proceso civilizador, la praxis moderna debe ejercer en último caso la violencia si fuera necesario, para destruir los obstáculos de la tal modernización (la guerra justa colonial); 5) Esta dominación produce víctimas (de muy variadas maneras), violencia que es interpretada como un acto inevitable, y con el sentido cuasi-ritual de sacrificio; el héroe civilizador inviste a sus mismas víctimas del carácter de ser holocaustos de un sacrificio salvador (el indio colonizado, el esclavo africano, la mujer, la destrucción ecológica de la tierra, etcétera); 6) Para el moderno, el bárbaro tiene una "culpa" (el oponerse al proceso civilizador) que permite a la "Modernidad" presentarse no sólo como inocente sino como "emancipadora" de esa "culpa" de sus propias víctimas; 7) Por último, y por el carácter "civilizatorio" de la "Modernidad", se interpretan como inevitables los sufrimientos o sacrificios (los costos) de la "modernización" de los otros pueblos "atrasados" (inmaduros), de

las otras razas esclavizables, del otro sexo por débil, etcétera. Por todo ello, si se pretende la superación de la "Modernidad" será necesario negar la negación del mito de la Modernidad. Para ello, la "otra--cara" negada y victimada de la "Modernidad" debe primeramente descubrirse como "inocente": es la "víctima inocente" del sacrificio ritual, que al descubrirse como inocente juzga a la "Modernidad" como culpable de la violencia sacrificadora, conquistadora originaria, constitutiva, esencial. Al negar la inocencia de la "Modernidad" y al afirmar la Alteridad de "el Otro", negado antes como víctima culpable, permite "descubrir" por primera vez la "outra-cara" oculta y esencial a la "Modernidad": el mundo periférico colonial, el indio sacrificado, el negro esclavizado, la mujer oprimida, el niño y la cultura popular alienadas, etcétera (las "víctimas" de la "Modernidad") como víctimas de un acto irracional (como contradicción del ideal racional de la misma Modernidad) (DUSSEL, 1997, p. 29-30).

Anibal Quijano, por seu turno, insiste no fato de que a invasão e a ocupação violentas do "novo" continente não apenas precedem historicamente a constituição da Europa como são *conditio sine qua non* da imposição da mesma como protagonista do primeiro padrão de poder internacional: capitalista, colonial, eurocêntrico, racista, patriarcal (QUIJANO, 1997). Nesse sentido, o continente "Américas" emerge como o primeiro espaço-tempo desse novo padrão de poder cuja vocação é mundial.

Foram várias, na verdade, as condições satisfatórias para que a Europa se tornasse o centro do mundo moderno e pudesse controlar o comércio e o nascente capitalismo. Quijano destaca três delas: (1) a abundância e a riqueza de metais preciosos encontrados em território "americano", propiciando, inclusive, a monetização da economia; (2) o acúmulo de riqueza produzido pela intensiva extração de "recursos" e transformação destes em mercadorias, graças, sobretudo, à escravização de negros e índios; (3) a própria situação geográfica do "novo" continente, que acabou facilitando rotas comerciais pelo oceano Atlântico (QUIJANO, 1997).

Se, de fato, a colonialidade se apresenta como a face ocultada da modernidade, caberia desvelar todos os aspectos mantidos no encobrimento e que serviriam de contraponto ao projeto tão decantado da modernidade ocidental. Isso porque, como afirma Carlos Walter Porto Gonçalves,

> sem o ouro e a prata da América, sem a ocupação de suas terras para as plantações de cana-de-açúcar, de café, de tabaco e de tantas outras espécies, sem a exploração do trabalho indígena e escravo, a Europa não seria nem moderna nem centro do mundo (PORTO GONÇALVES, 2013, p. 168).

Sem a mínima pretensão de exaurir a complexidade destes aspectos mantidos no encobrimento, salientamos aqui o sistemático processo de "naturalização", que se acabou constituindo na espinha dorsal do inteiro projeto moderno colonial e que continua tendo vigência nos dias que correm, mediante expedientes de uma nova colonialidade global. Analisaremos, neste capítulo, o processo de dupla "naturalização": (1) "naturalização" da desigualdade social entre colonizador e colonizado; (2) "naturalização" da racionalidade moderno-colonial ou eurocêntrica.

2. "Naturalização" da desigualdade social entre colonizador e colonizado

Dois expedientes tipicamente colonizadores convergem na constituição da América como primeiro espaço-tempo do novo padrão de poder moderno-colonial: a invenção da ideia de raça como "naturalização" da desigualdade entre conquistador e conquistado e a articulação de todas as formas históricas de controle do trabalho, seus recursos e seus produtos em torno do capital e do mercado mundial.

2.1 A "invenção" da ideia de raça

A ideia de "raça" constitui, na verdade, uma categoria mental inventada na modernidade, e trata-se, para todos os efeitos, de uma "invenção", posto que a ideia de raça não tem nenhum tipo de sustentação na estrutura biológica da espécie humana. À medida que as relações sociais iam se configurando como relações de dominação, identidades raciais eram associadas a hierarquias sociais. Destarte, as categorias de raça e de identidade racial foram sendo utilizadas como instrumento de classificação primária da população. No caso específico da "América", a cor e os demais traços fenotípicos das populações colonizadas fizeram com que essa classificação hierárquica se radicalizasse. E foi assim que os colonizadores se autonomearam "brancos" para se diferenciarem "naturalmente" dos colonizados, considerados "de cor". E, somente a partir de então, é que a "negritude" passou a ser "naturalmente" associada à escravidão.

A ideia de raça foi excogitada, portanto, como principal elemento constitutivo e, nesse sentido, fundante das relações coloniais de dominação. Dessa forma, o que justificava as desigualdades entre conquistadores e conquistados eram as diferenças biológicas e, portanto, naturais. Permaneciam acobertados, portanto, os reais interesses de poder que sustentavam as desigualdades sociais. E a conclusão parecia óbvia: uma vez que a diferença entre conquistadores e conquistados era de natureza biológica, e não de caráter histórico, então estaria naturalmente estabelecida a superioridade dos primeiros sobre os últimos. A invenção da ideia de raça tem-se constituído desde então em um dos instrumentos mais eficazes e duráveis de dominação dos europeus, considerados raça superior, sobre os não europeus, reputados raça inferior. Cria-se, em suma, a ideia de raça com o objetivo de naturalizar o processo histórico de dominação colonial. E, nesse sentido, a ideia de raça se converte em engrenagem central da diferença colonial. Na opinião de W. Mignolo, a etnoracialidade é o ponto de articulação do imaginário construído a partir do circuito comercial do oceano Atlântico (MIGNOLO, 1995).

Foram, assim, criadas as condições para que a Europa se constituísse como nova identidade geopolítica. América e Europa, portanto, se constituem reciprocamente como dois lados de uma mesma moeda: a nova moeda da modernidade-colonialidade. E, para legitimar práticas colonialistas escusas, fez-se necessária a construção de uma perspectiva eurocêntrica que produzisse uma teoria capaz de justificar essa nova configuração geopolítica internacional: o eurocentrismo. Sobre esta perspectiva e sua teoria derivada, retornaremos em breve.

2.2 A "divisão *racial* do trabalho"

Na constituição da América, como primeiro espaço-tempo desse novo padrão de poder moderno colonial, o capital-salário e o mercado mundial constituíram o nó central em torno do qual se articularam todas as formas de controle e de exploração do trabalho e do controle da produção, apropriação e distribuição de produtos. Tratava-se, em suma, de uma nova configuração do poder de trabalho. Deu-se, assim, pela primeira vez uma nova, singular e original relação de produção, no bojo da qual todas as demais relações sociais foram estabelecidas e organizadas, com o objetivo de produzir mercadorias em larga escala para o mercado mundial. Todas elas, portanto, simultaneamente articuladas no mesmo espaço-tempo e direcionadas ao comércio e ao lucro, pois, como afirma com propriedade A. Quijano:

The modern world-system was born in the long sixteenth century. The Americas as a geo-social construct were born in the long sixteenth century. The creation of this geo-social entity, the Americas, was the constitutive act of the modern world-system. The Americas were not incorporated into an already existing capitalism world-economy. There could not have been a capitalism world-economy without the Americas (QUIJANO, 1992, p. 449).

Destarte, deu-se uma estrutural associação entre a ideia de "raça" e o estabelecimento da "divisão de trabalho", de forma a se potencializarem reciprocamente sem, contudo, renunciarem ambos à própria independência e autonomia. O que ocorreu na verdade foi a imposição de uma sistemática "divisão racial do trabalho" (QUIJANO, 1997), pois, de fato, ainda que incorporados à cadeia de transferência de valor e de benefício, os recursos e produtos das populações colonizadas deviam estar sob o controle da Europa ocidental, e as relações de trabalho eram obrigatoriamente de caráter não salarial. De fato, nos territórios não europeus, o trabalho assalariado era privilégio quase exclusivo dos "brancos".

Trazemos aqui dois exemplos que ilustram bem o que seja essa sistemática "divisão racial do trabalho". O primeiro deles é a concentração da produção industrial capitalista e do trabalho assalariado durante mais de dois séculos no próprio território da Europa Ocidental. Não haveria, a princípio, necessidade histórica alguma intrínseca à relação social mesma do capital e do mercado mundial que justificasse essa dupla concentração. Teria sido, inclusive, mais rentável para os próprios europeus ocidentais, e, nesse sentido, perfeitamente factível, a não concentração da industrialização e do trabalho assalariado em seus próprios territórios. Contudo, a resposta parece ser a de que, na perspectiva eurocêntrica, era impensável que raças dominadas tivessem acesso a uma forma de contratação salarial. Por serem reputadas inferiores, a elas se associava apenas servidão e escravidão.

Outro exemplo dessa sistemática "divisão racial do trabalho" se encontra no regime de servidão ao qual foram submetidos os povos indígenas do "novo" continente. Como se sabe, depois de muita pressão da parte de religiosos missionários, os indígenas foram conduzidos do regime de escravidão ao de servidão. Só que, mesmo sob o regime de servidão, não recebiam o mesmo tratamento reservado aos servos do período feudal. Ao contrário, além de não receber proteção nenhuma, eram destituídos da porção de terra que lhes caberia por direito cultivar em troca do salário que não lhes era pago.

Com base no que foi exposto, o capitalismo tem sido desde seus primórdios colonial, moderno e eurocentrado, pois, como afirma Quijano:

> Esa colonialidad del control del trabajo determinó la distribución geográfica de cada una de las formas integradas en el capitalismo mundial. En otros términos, decidió la geografía social del capitalismo: el capital, en tanto que relación social de control del trabajo asalariado, era el eje en torno del cual se articulaban todas las demás formas de control del trabajo, de sus recursos y de sus productos. Eso lo hacía dominante sobre todas ellas y daba carácter capitalista al conjunto de dicha estructura de control del trabajo. Pero al mismo tiempo, dicha relación social específica fue geográficamente concentrada en Europa, sobre todo, y socialmente entre los europeos en todo el mundo del capitalismo. Y en esas medida y manera, Europa y lo europeo se constituyeron en el centro del mundo capitalista (QUIJANO, 1997, p. 126).

Deu-se, a partir daí, um verdadeiro processo de reidentificação geopolítico e histórico envolvendo o mundo todo a partir da Europa, que, por sua vez, usurpou para si a centralidade do "novo" mundo.

E foi assim que, a partir das constituições de América e Europa, se estabeleceram também África, Ásia e, por fim, Oceania. E, no tocante à classificação social da população mundial, a colonialidade do poder excogitou uma hierarquia composta de três dimensões distintas, ainda que simultaneamente articuladas: trabalho, gênero e raça. Mas é, no fundo, a ideia de raça que fundamenta e sustenta as outras duas.

3. "Naturalização" da racionalidade moderno-colonial

Assim como incorporou de forma subalterna todas as formas de controle do trabalho em torno do capital, a Europa também buscou anexar as diversas e heterogêneas culturas dentro de um mundo único, não por acaso, o próprio. E, assim, impôs-se uma única configuração cultural, intelectual, intersubjetiva e pessoal. E, a partir daí, foram sendo atribuídas às demais populações novas identidades geoculturais. É nesse contexto que se situa a "invenção" do Oriente, categoria intencionalmente criada para ser a codificação do outro com respeito ao Ocidente, sem desfrutar, contudo, de relações simétricas e de igual respeito, posto que o Oriente é sempre visto como inferior ao Ocidente (SAID, 1996; 2002). Escreve, a tal propósito, A. Quijano:

> En otros términos, como parte del nuevo patrón de poder mundial, Europa también concentró bajo su hegemonía el control de todas las formas de control de la subjetividad, de la cultura, y en especial del conocimiento, de la producción del conocimiento (QUIJANO, 1997, p. 126).

A invasão e a ocupação violentas dos territórios do continente ameríndio criaram as condições para a invenção de um "novo mundo", pois, na verdade, a colonização constitui uma verdadeira "invenção" e, precisamente aqui, radica-se seu intento de conquista violenta. A tal propósito, E. Dussel afirma que o *eu conquisto* precede, em ao menos dois séculos, o *eu penso* e, portanto, lhe dá sustentação. De fato, a emergência do sujeito moderno constitui a legitimação teórica da conquista e, nesse sentido, o substrato a partir do qual se explicitará a "invenção" de uma nova cosmovisão moderna e burguesa. Não se trata de mero acaso, portanto, que a violência seja uma das características principais da epistemologia moderna.

Não sem razão, essa peculiar epistemologia vem ao encontro do projeto moderno de submeter a vida como tal, em sua complexidade, ao controle absoluto do sujeito, sob a guia segura do conhecimento: *Cogito, ergo sum*! O sujeito pensante se impõe, portanto, como o substrato a partir do qual se inaugura uma analítica do mundo circunstante. A óptica ou perspectiva a partir da qual se constrói essa cosmovisão é a da racionalidade formal, que, no ato de descrever e explicar fenômenos, opera decompondo-os em partes para em seguida opô-las e contrapô-las. E assim se cria uma fratura epistemológica expressa na infinidade de binômios justapostos, opostos e contrapostos. Trata-se de expediente excogitado pela racionalidade formal para poder, assim, controlar mais eficazmente a realidade. Desse modo, negando a complexidade do mundo, ela simplifica a realidade por meio de inúmeras fragmentações, cuja base se encontra na dicotomia primária entre sujeito e objeto. Vale a pena ressaltar, no entanto, que na própria etimologia da palavra sujeito (*sub-iectus*) se encontra a ideia de sujeitar-se, submeter-se. Nesse sentido, tanto o sujeito quanto o objeto se tornam, ambos, sujeitos (no sentido de sujeitados, submetidos) a essa atitude epistêmica que separa, opõe e contrapõe impiedosamente os polos constitutivos da inteira realidade.

A modernidade-colonialidade capitalista se impôs, destarte, servindo-se de dois expedientes: exploração violenta da Terra e criação de sujeitos-indivíduos separados dela. E a relação destes com aquela se tem dado a partir da *exterioridade*, da *superioridade* e da *instrumentalidade*. A construção moderno-colonial-capitalista da subjetividade como *cogito* provocou uma série de fraturas no tecido natural, social e existencial. Violentamente separados da Mãe Terra, deixamos de nos considerar "filhos da Terra". Reduzidos a indivíduos, sentimo-nos separados, opostos e contrapostos a nós mesmos e aos outros seres que constituem o tecido social e cósmico. E, por fim, somos violentamente atravessados por aquela fratura existencial que nos cinde em duas coisas (*res*): uma extensa e outra pensante. Fomos, de fato, fadados a viver marcados por uma espécie de esquizofrenia existencial, social e natural. Ao se considerar o corpo como *res extensa*, a imaterialidade foi alçada à essência do sujeito. Isso se deu sobremaneira com Descartes que, ao estabelecer uma nítida separação entre alma e corpo, acabou por definir o ser humano como alma. Por tudo isso, fica clara a posição cartesiana de que a natureza humana se esgota essencialmente no plano da não extensão ou da imaterialidade, perfazendo-se unicamente no âmbito do pensamento. Portanto, o corpo não entra na constituição daquilo que é considerado essencial ao humano. A identidade do "eu" reside na alma; o "eu" é a alma.

A tese de Descartes serviu como luva aos interesses da sociedade emergente, preocupada em explorar a natureza transformando-a, por meio da exploração forçada de corpos humanos, em um conjunto de mercadorias disponíveis aos negócios do incipiente capitalismo mercantil colonial. Interessante ressaltar que não se tratava apenas de considerar a natureza como algo objetivo e meramente extenso. Tendia-se também a conceber os seres humanos, especialmente de outras "raças", como simples corpos a serem controlados e submetidos a trabalhos extenuantes. Descartes oferecia, no fundo, uma excelente fundamentação teórica para a proposta de F. Bacon e de G. Galilei:

interpretar a natureza mediante linguagem e código matemáticos, para poder dominá-la eficazmente. E, de fato, o paradigma cartesiano foi acolhido como um verdadeiro suporte teórico para as tendências empiristas que acabariam constituindo a ciência clássica de cunho mecanicista. Reduzir o ser humano a simples máquina tornou-se um expediente ideal para justificar o uso de seus corpos como força de trabalho, na transformação de produtos naturais em mercadorias. E isso tanto na instituição do escravagismo no território das colônias quanto na arregimentação de artesãos e operários nas fábricas no período da incipiente Revolução Industrial nas metrópoles. A discriminante entre um uso e outro se deu na invenção ideológica e colonialista da ideia de raça, como já tivemos ocasião de analisar.

No assim chamado "Século das Luzes", fez-se notar de maneira acintosa a ambiguidade da razão moderna: ela não apenas ilumina, ilustra e esclarece; em seu caráter tipicamente colonial, ela também invisibiliza e encobre. Interessante perceber que a historiografia clássica, eurocêntrica, insiste nos aspectos de iluminação, ilustração e de esclarecimento presentes na própria nomenclatura: "Iluminismo", "Ilustração", "Século das Luzes" ou, como preferem os alemães, "Esclarecimento" (*Aufklärung*). O que nenhum manual de história diz é que populações inteiras eram, simultaneamente, condenadas à escravidão nos territórios das colônias. A título de exemplo, basta-nos lembrar da escandalosa contradição dos iluministas franceses que, em seu próprio território, instituíam a liberdade, a igualdade e a fraternidade como mote da convivência social e, ao mesmo tempo, defendiam a repressão dos revolucionários haitianos negros que lutavam pela própria independência. Trata-se, para todos os efeitos, de uma razão moderno-colonial.

Enfim, o paradigma responsável pela atual degradação da vida no planeta é também o mesmo que justificou historicamente a dominação do varão sobre a mulher, do varão branco europeu sobre os índios e negros e que ainda continua justificando a opressão do corpo de mulheres, de pobres e de vítimas. O Ocidente, enquanto terra da razão, tem-se revelado como a terra do poder de dominação. Nesse sentido, o triunfo da tecnociência constitui o natural epílogo da aventura ocidental como terra do domínio, sonho esse perseguido tenazmente desde o seu nascedouro. Domínio sobre a natureza, mas também sobre seres humanos, ainda que considerados sujeitos ou justamente por serem considerados como tais. Domínio esse exercido sobre seus corpos e sobre sua força de transformação dos bens naturais. Não por acaso, ocidente vem de *occidens*, que significa "ocaso, morte".

3.1 "Dessacralização da natureza" – "desnaturalização do humano"

Encontramo-nos ante dois processos simultâneos e, portanto, reciprocamente implicados: dessacralização da natureza e desnaturalização do ser humano. No primeiro caso, concebe-se a natureza como fonte inesgotável de recursos disponíveis e como força exuberante e descontrolada, e, por isso mesmo, uma constante ameaça. Em ambos os casos, portanto, a natureza necessitaria do controle humano. E esse controle se daria, de maneira eficaz e eficiente, utilizando-se da racionalidade empírico-formal e de seu aparato científico-técnico.

Essa é a razão pela qual a *episteme* moderna lança mão, desde seus primórdios, de um discurso violento povoado de metáforas de cunho bélico, tais como: conquista, submetimento, tortura, batalha, exploração. De tal forma que violência e controle têm sido a forma histórica que a cultura moderna ocidental vem adotando para articular natureza e cultura. A título de exemplo, reportamos aqui as formulações de três filósofos que viveram em distintos períodos da extensa modernidade-colonialidade ocidental: Bacon, Descartes e Kant. Escreve Francis Bacon no seu *Novum Organun*: "É necessário torturar a natureza para que solte seus segredos. [...] A natureza deve ser conquistada e obrigada a trabalhar duramente para servir aos interesses do homem". Por seu turno, afirma Descartes: "O progresso da razão consiste em uma série de batalhas vitoriosas movidas à natureza". E, na *Crítica da razão pura*, escreve Kant: "A razão deve acorrer à natureza levando em uma mão seus princípios e na outra a experimentação; assim conseguirá ser instruída pela natureza, mas não na qualidade de discípulo que escuta, e sim na de Juiz autorizado que obriga as testemunhas a responder às perguntas que lhes faz".

Por isso os meios e instrumentos dos quais se utiliza a *episteme* moderna em seu afã de conquista e domínio são, sobretudo, o cálculo e a manipulação. Nesse caso, a natureza é vista apenas como objeto de conquista e o conhecimento científico, meio privilegiado para alcançar sua finalidade. Não é sem razão que a ciência moderna vem se desenvolvendo sempre mais em seu caráter técnico, a ponto de habitarmos, em nossos dias, um mundo não mais científico-técnico, mas, para todos os efeitos, tecnocêntrico. E como a tecnociência vem sempre acolitada pelo mercado, somos vítimas de dois processos simultâneos e recíprocos: mercantilização e tecnificação da natureza e também dos seres humanos.

"Desnaturalização do ser humano" é o nome que se convencionou dar ao processo que separa, opõe e contrapõe *res cogitans* e *res extensa*, para, enfim, negar tudo quanto haja de natural na constituição do ser humano. Trata-se da "colonização" dos corpos em nome de um processo dito civilizatório, que classifica os seres humanos com base em uma linha evolutiva que vai do natural ao cultural ou civilizado. Essa classificação ou hierarquização se dá na própria interioridade do ser humano, pela divisão entre o "visceralmente" humano e o "sublimemente" humano (MACHADO ARAÓZ, 2010, p. 37-38). Da parte do "visceralmente" humano seriam alocados: instintos pulsionais, sentimentos, emoções e afetos. Tudo o que, a princípio considerado fonte de descontrole, pudesse exercer algum tipo de domínio cego sobre o ser humano. Do lado do "sublimemente" humano, ao contrário, seria arrolado tudo aquilo que condiz com seu singular *status* ontológico". Tudo aquilo, em suma, relacionado ao âmbito da razão. E seria esse o principal motivo para se eleger a razão como único guia seguro apto a controlar e dirigir a conduta humana.

Destarte, no exercício do conhecimento a *episteme* moderna se revela em seu caráter marcadamente colonizador. E isso tanto no que diz respeito ao "desencantamento do mundo" (Max Weber) quanto no que tange à colonização de si mesmo, mediante a aplicação sistemática e disciplinar de mecanismos de autocontrole e de domínio de si. Dessa forma, não apenas se reduz a natureza exterior a meros recursos e se coloniza a si próprio como também se faz algo ainda pior: "naturaliza-se" a racionalidade moderna e burguesa como sendo a própria "condição humana".

3.2 O "etnocentrismo" europeu e o "epistemicídio" de culturas outras

Boaventura de Sousa Santos chama de "epistemicídio" o fenômeno da completa destruição do enorme acervo de conhecimento de populações colonizadas e dos meios de sua produção pelos colonizadores europeus. Além de condenar a violência dessa empresa colonial, o sociólogo português lamenta o desperdício de experiências, costumes e práticas culturais que poderiam ter enriquecido enormemente a experiência e o acervo cultural mundial.

Os índios das Américas, por exemplo, foram despojados de sua herança histórica acumulada durante séculos e condenados a uma subcultura campesina iletrada. Trata-se apenas de um exemplo desse expediente tipicamente colonialista de destruir formas de produção de conhecimento das populações colonizadas. Destarte, padrões de produção de sentido, universos simbólicos, padrões de expressão e de objetivação de subjetividades são destruídos de forma violenta pelos colonizadores europeus.

Essa violência se dá também na atitude de forçar os colonizados ao aprendizado parcial da cultura dos colonizadores, mormente em tudo que favoreça e potencialize a reprodução da dominação em vários âmbitos: atividade material, tecnológica, subjetiva, religiosa etc. Há uma violência simbólica, quase sempre implícita, que se dá através da colonização das perspectivas cognitivas e atinge modos de produzir e outorgar sentido aos resultados da experiência material ou intersubjetiva, do imaginário e da cultura.

O etnocentrismo epistemicida europeu, portanto, se radica e se sustenta na classificação racial das populações e na divisão racial do trabalho. Estes dois expedientes inventados pelos colonizadores europeus justificam o sentimento de superioridade deles com respeito aos povos colonizados. E o que é ainda mais grave: esse sentimento foi "naturalizado" mediante a invenção da ideia de raça.

Caberia ainda aqui uma breve análise do eurocentrismo e de seus mitos fundadores. O eurocentrismo enquanto perspectiva etnocêntrica e, de consequência, epistemicida radica-se em dois grandes mitos modernos: o mito da história única e linear, que principia por um estado natural e culmina na civilização racional moderna, e o mito da naturalização das diferenças no intuito de justificar desigualdades sociais. Ambos os mitos se encontram na raiz do evolucionismo e dualismo modernos, elementos nucleares do eurocentrismo.

Com a invenção da história única e linearmente progressiva, os europeus inventaram uma nova perspectiva temporal da história. A história seria concebida como uma longa trajetória que, partindo de um estado inicial natural, culminaria no ápice da civilização humana, da qual os legítimos herdeiros seriam os habitantes da Europa ocidental. No bojo dessa única e linear trajetória seriam ressituados os povos colonizados e suas respectivas estórias e culturas. Com base em critérios de fundo racial, os povos colonizados são situados no passado porque considerados inferiores aos europeus. Modernidade e racionalidade empírico--formal, portanto, foram inventadas e reputadas experiências e produtos exclusivamente europeus. E, a partir daí, construíram-se pares de termos justapostos, opostos e contrapostos, como, por exemplo: Oriente-Ocidente; primitivo-civilizado; mítico-científico; irracional-racional; tradicional-moderno etc. Binômios estes que poderiam ser reconduzidos a um só, básico e primário: Europa-não Europa.

É curioso notar que tais classificações parecem obedecer a hierarquias sociais e raciais. É assim que o Oriente é construído e imaginado para ser o outro com respeito ao Ocidente. Vale lembrar que Ocidente também é uma noção inventada posto que identificada *tout court* com a Europa ocidental. E tal invenção se confirma pelo fato de Ocidente, neste caso, não se restringir à geografia, mas se constituir em referencial de uma peculiar e específica geopolítica do conhecimento (W. Mignolo). Já os negros e índios eram simplesmente reputados "primitivos", isto é, mais próximos do estado natural do que do âmbito da civilização. E, mais uma vez, aparece de maneira muito clara como a ideia de raça se erige como categoria básica e fundamental da codificação de relações sociais entre colonizadores e colonizados.

Referências bibliográficas

BLUMENBERG, H. *La legittimità dell'Età moderna*. Genova: Marietti, 1992.

DUSSEL, E. *El encubrimiento del Otro*: hacía e origen del mito de la modernidad. Madrid: Nueva Utopía, 1997.

DUSSEL, E. Europa, modernidad y eurocentrismo. In: LANDER, E. (Ed.). *La colonialidad del saber*: eurocentrismo y ciencias sociales – Perspectivas latinoamericanas. Buenos Aires: CLACSO, 2000.

LÖVITH, K. *Significato e fine della storia. I presupposti teologici della filosofia della storia*. Milano: Comunità, 1965.

MACHADO ARAÓZ, H. La "naturaleza" como objeto colonial: una mirada desde la condición eco-bio-política del colonialismo contemporáneo. *Boletín Onteaiken*, n. 10, p. 35-47, noviembre, 2010.

MIGNOLO, W. Occidentalización, imperialismo, globalización: herencias coloniales y teorías poscoloniales. *Revista Iberoamericana*, p. 27-40, 1995.

MIGNOLO, W. Colonialidad del poder y diferencia colonial. *Anuário Mariateguiano*, IX-10, 1999.

MIGNOLO, W. *Local histories-Global Designs*: Coloniality, Subaltern Knowledge's and Border Thinking. Princeton: Princeton University Press, 2000.

PORTO GONÇALVES, C. W. *Geografando nos varadouros do mundo*. Brasília: Ibama, 2013.

QUIJANO, A. Colonialidad y modernidade-racionalidad. *Perú indígena*, v. 13, n. 29, p. 11-20, 1992.

QUIJANO, A. Colonialidad del poder, cultura y conocimiento en América Latina. *Anuario Mariateguiano*, IX-9, p. 113-126, 1997.

QUIJANO, A. Colonialidad del poder, eurocentrismo y América Latina. In: LANDER, E. (Ed.). *La colonialidad del saber*: eurocentrismo y ciencias sociales: perspectivas latinoamericanas. Buenos Aires: CLACSO, 2000.

QUIJANO, A. Colonialidad del poder y clasificación social. In: CASTRO-GÓMEZ, S.; GROSFOGUEL, R. (Ed.). *El giro decolonial*: reflexiones para una diversidad epistémica más allá del capitalismo global. Bogotá: Siglo del Hombre, 2007.

QUIJANO, A.; VALLERSTEIN, I. Americanity as a Concept on the Americas in the Modern World-System. *International Social Sciences Journal*, n. 134, 1992.

SAID, E. W. *Cultura e imperialismo*. Barcelona: Anagrama, 1996.

SAID, E. W. *Orientalismo*. Barcelona: DeBolsillo, 2002.

SANTOS, B. S. *Una epistemología del Sur*. Mexico: CLACSO/Siglo XXI, 2000.

SANTOS, B. S. *Justicia entre saberes*: epistemologías del Sur contra el epistemicidio. Madrid: Ediciones Morata, 2017.

CAPÍTULO IV

Colonialidade persistente: "naturalização" do mercado e da tecnociência[1]

Introdução

Encontramo-nos, hoje, sob a égide de uma "nova colonialidade global". Trata-se de uma "colonialidade persistente", posto que, embora suceda ao regime colonial, imposto no passado pelas monarquias europeias, não suprime, mas, ao contrário, prolonga e aprofunda relações coloniais, ainda que veladamente.[2] De fato, em nossos dias,

---

[1] Uma parte deste texto foi publicada sob o título "Tecnociência e mercado sob o olhar da ecoteologia". FOLMANN, J. I. (Org.). *Ecologia integral:* abordagens (im)pertinentes. v. 2. Disponível em: http://www.casaleiria.com.br/acervo/follmann/ecologiaintegral/v2/index.html.

[2] Convém introduzir, aqui, uma distinção entre "colonialismo" e "colonialidade". O primeiro se refere à ocupação política e institucional dos territórios das colônias por parte dos colonizadores, com vistas a justificar a pilhagem violenta dos bens naturais e o regime de trabalho escravo para a transformação da matéria-prima em mercadorias aptas à comercialização. Colonialidade, por sua vez, remete-nos ao período histórico sucessivo à colonização propriamente dita, no qual as antigas colônias se tornaram independentes politicamente, sem, contudo, conquistarem sua autonomia econômica, social e cultural, em face das nações do norte global. Não pretendemos, com isso, negar o caráter de superação manifestado pela fase sucessiva em relação à fase anterior do processo de globalização. Há, sim, um processo de superação entre as várias fases que

o capitalismo neoliberal tem-se apresentado mediante nomenclaturas abstratas e pretensamente neutras, como, por exemplo, "financeirização" ou "monetarização" da economia. Também chamado de "capitalismo improdutivo" (L. Dowbor), tem-se caracterizado como conjunto de relações econômicas e sociais que absorvem as energias vitais no intuito de acumular infinitamente o valor abstrato, o dinheiro. E, assim, consome a vitalidade da Terra e a humanidade dos seres humanos. Trata-se, ademais, de um sistema no interior do qual as nações credoras impõem suas regras do jogo comercial por meio de instituições corporativas internacionais.

1. O "capitalismo financeiro"

Em nossos dias, protagonizada pelo neoliberalismo, uma nova colonialidade tem se imposto, sobretudo, mediante nomenclaturas mais abstratas e pretensamente neutras, como, por exemplo, "financeirização" ou "monetarização" da economia. Esta seria, no fundo, sua face mais complacente, expressa na ideologia que intencionalmente encobre a produção material que continua para além (e aquém) da alienação propriamente financeira. E isso se agrava, sobretudo, se levadas em conta suas consequências em termos de depredação da vida no planeta. Houve, de fato, um processo de "financeirização" crescente da economia, o qual teve início nos anos imediatamente posteriores à Segunda Guerra Mundial, quando se começa a gestar um novo padrão internacional de poder que se vai manifestando na formação de grandes corporações empresariais transnacionais. Nesse contexto, destacam-se corporações institucionais (ONU, FMI, BID

---

se sucedem, contudo, a superação se dá a modo de incorporação, e não propriamente de supressão das fases anteriores. A tal propósito, remetemos aos autores que constituem o grupo de pesquisa "Modernidade-Colonialidade", dentre os quais se destacam: A. Quijano (2000; 2007), W. Mignolo (2010; 2017) e E. Dussel (2000).

e BIRD) e os famosos acordos de *Breton Woods* no que diz respeito, mais especificamente, aos aspectos econômicos desse processo.

Outras decisões, tomadas unilateralmente, ampliam o caminho para o processo de "financeirização" crescente da economia mundial, com repercussões drásticas sobre o sistema de produção, provocando a exaustão dos recursos do planeta. Em 1971, os EUA rompem com o sistema fixo de câmbio e com o padrão-ouro, e, a partir daí, o dólar, que apenas os EUA podem emitir, é instituído como o novo lastro monetário, imposto de maneira arbitrária a todos os demais países. Outra decisão unilateral e arbitrária diz respeito à relação entre nações credoras e nações devedoras. O período de tempo que se estende de 1971 a 1999 assinala um aumento vertiginoso da dívida externa dos países devedores. Assim, em menos de duas décadas, a dívida dos países pobres subiu de 615 bilhões de dólares para cerca de 2 trilhões e 500 bilhões de dólares. Na América Latina, a dívida cresceu 21 vezes, passando de US$ 46,3 bilhões para US$ 982 bilhões; na África, o crescimento foi mais de 22 vezes, e na África subsaariana, ainda maior, de 55 vezes; na Ásia não foi diferente, e sua dívida cresceu de US$ 190 bilhões a US$ 1 trilhão e 74 bilhões.[3]

Situação parecida se dá também no interior de cada nação, no tocante à relação entre ricos e pobres. É visível o acirramento das relações de poder mesmo no interior da nação mais rica do planeta, os EUA, onde o número de pessoas que se encontra em situação de pobreza crítica cresceu, durante o mesmo período, de 11,6% para 13,3%. Estes dados confirmam uma suspeita, emersa no século XIX e recentemente confirmada pelas pesquisas do economista francês Thomas Piketty, de que o capitalismo vem operando um crescente processo perverso de concentração de renda (PICKETTY, 2013).

---

[3] Estes dados estatísticos, bem como outros tantos que serão citados no decorrer do texto, se encontram em Porto Gonçalves, 2013.

Essas manobras do capitalismo neoliberal podem nos induzir em engano caso julguemos postos diante de um simples processo de monetarização da economia. Se, ao contrário, buscarmos compreender essa nova configuração à luz da geografia social, que indaga acerca da problemática suscitada a partir das territorialidades e dos inerentes processos de territorialização, nos daremos conta de tratar-se de um autêntico processo de colonialidade. Esse processo descrito acima como financeirização ou monetarização da economia instituiu um sistema no interior do qual as nações credoras impõem suas regras do jogo comercial por meio daquelas instituições corporativas internacionais. Ingerências justificadas por critérios financeiros. E é precisamente aqui, nesse particular contexto, que aquelas medidas arbitrárias e unilaterais, lembradas acima, se conjugam a ponto de formar um emaranhado complexo e bem articulado.

Das nações devedoras, exige-se a constituição do assim chamado *superavit* primário, uma reserva substancial em dólares norte-americanos, que seria o índice de estabilidade econômica de uma nação no concerto das demais nações do planeta. Arma-se, desse modo, uma trama bem orquestrada pelas nações credoras para manter as nações devedoras enredadas em suas poderosas malhas. Posto que as nações devedoras encontram-se impossibilitadas de emitir dólares, restam-lhes apenas duas vias de possível aquisição da moeda estadunidense: as exportações em grande escala e o aumento considerável dos juros para atrair investimentos externos. Como se vê, ambas as possibilidades são, para todos os efeitos, marcadamente colonialistas, pois ambas, tanto uma quanto outra, fazem funcionar o processo colonialista de produção e consumo. E assim oneram gravemente o planeta, seja no extrativismo em larga escala dos bens naturais e das energias fósseis, seja na excessiva produção de lixo ocasionada pelo desmesurado consumo das nações ricas. Instaura-se, assim, um círculo vicioso entre o famigerado extrativismo e o desmesurado consumismo. Dados publicados pela ONU, em 2002, com o título "Consumo Privado de Recursos Naturais no Mundo", revelam que 20% das pessoas mais ricas consomem 86% dos recursos naturais do planeta. Isso significa que os restantes 14% dos recursos devem ser disputados por 80% da população do mundo. Explicitado esse cenário, talvez se compreenda melhor o engodo de iniciativas promovidas por entidades internacionais, inclusive a ONU, como, por exemplo, "desenvolvimento sustentável", "economia verde", "créditos de carbono".

Os dados relativos ao que se convencionou chamar de *pegada ecológica* estão aí para confirmar o que estamos dizendo. A pegada ecológica mediria o impacto que a população produz sobre os ecossistemas do planeta, no ato mesmo de produzir e de reproduzir a vida. E, nesse sentido, constitui um sintoma claro da relação intrinsecamente colonial pressuposta nas relações de produção e consumo de nossas sociedades contemporâneas. A título de exemplo, de 1970 a 1996, a pegada ecológica mundial teve um aumento de 45%, aumentando de 11 bilhões para 16 bilhões de hectares. Todavia, esse aumento não foi provocado pelo aumento demográfico do planeta, como era de esperar. Na medida em que a pegada ecológica das nações do hemisfério sul se manteve, apesar do aumento significativo de sua população, a pegada ecológica das nações do hemisfério norte cresceu significativamente, mesmo levando em conta o decréscimo crescente de sua população. Posto que a média mundial da pegada ecológica é de 2,85 hectares *per capita*, vejamos o seguinte quadro: na África a média é 1,5; na Ásia e no Pacífico, ela nem sequer alcança 1,8; na América Latina e no Caribe, no Oriente Médio e na Ásia central, ela está em torno da média mundial; na Europa central e oriental, ela se aproxima de 5; na Europa ocidental, chega a 6 (210% da média mundial); nos EUA, a média é de 12 hectares *per capita* (425% da média mundial). Em poucas palavras, um cidadão americano médio consome o equivalente ao consumido por dez africanos ou asiáticos.

Está posta às claras, portanto, a face mais autêntica, apesar de oculta, das novas relações coloniais entre o norte e o sul. Por essa razão, o período histórico da globalização neoliberal é aquele que mais tem provocado a destruição da natureza, uma vez que, desde 1492, os índices que revelam o grau de devastação do planeta nunca foram tão elevados como nestes últimos trinta anos. E o que é mais grave ainda, a globalização neoliberal opera uma espécie de sequestro, uma verdadeira apropriação indevida, de nossas reivindicações e bandeiras. Assim, por exemplo, ela busca se apropriar de nossa reivindicação com respeito ao direito à diferença para justificar as desigualdades por ela mantidas. Como também procura se apropriar das reivindicações com relação à defesa do ambiente assimilando-as à lógica do mercado, no interior da qual nossas bandeiras ecológicas são reduzidas a meras mercadorias, verdadeiros fetiches.

2. O persistente recurso ao expediente de "naturalização"

Adverte-se, em nossos dias, uma alienação básica entre o sujeito inventado pela modernidade colonial capitalista e o planeta Terra. Somos vítimas de uma fratura das conexões vitais entre corpos e territórios e, portanto, pensamos e nos sentimos como se vivêssemos do dinheiro (valor abstrato) e não dos bens da Mãe Terra. Concebemos, assim, progresso-desenvolvimento-crescimento em termos de domínio e exploração (supostamente) infinita dos "recursos" da Terra. Em sua fase senil, o capitalismo se apresenta em nossos dias na versão histórica do assim chamado "capitalismo financeiro" ou "capitalismo improdutivo" (DOWBOR, 2017). Trata-se, nas palavras de Horacio Machado Araóz, da "era da acumulação em tempos de esgotamento do mundo e de crise terminal das energias vitais, tanto das primárias (que brotam da Terra) como das sociais (que surgem e se mobilizam pelo trabalho)" (MACHADO ARAÓZ, 2016, p. 461). Desse modo, para progredir, o neoliberalismo necessita "fraturar as conexões vitais-existenciais entre corpos-trabalho e Terra-territórios de vida" (MACHADO ARAÓZ, 2016, p. 464). Nesse sentido, o neoliberalismo constitui o conjunto de relações sociais que absorve as energias vitais no intuito de acumular infinitamente o valor abstrato, o dinheiro. E, assim, consome a vitalidade da Terra e a humanidade do humano. Essa é a principal razão pela qual nossas sociedades continuam se tornando presa vulnerável do persistente expediente de "naturalização" que, em tempos recentes, tem se travestido em uma "crença" tríplice: "crença" no mercado como necessidade econômica; "crença" na racionalidade e linguagem da tecnociência como conhecimento objetivo e irrefutável; "crença" de que o conhecimento tecnocientífico "produza" riqueza.

2.1 "Crença" no mercado como necessidade econômica

Muito difusa em nossos dias a ideia do mercado como uma espécie de crença. De fato, a crença nas virtudes do mercado vem assumindo cada vez mais feições de um fundamentalismo religioso. Nada escapa à ambiência e, portanto, às influências do mercado. Fora dele, hoje, nada mais parece fazer sentido. Toda e qualquer iniciativa só adquire direito de cidadania se, antes, cede à lógica do mercado. Daí o surgimento de propostas recentes como: economia ecológica ou verde, desenvolvimento sustentável, mercantilização da fotossíntese ou crédito de carbono etc. A agravar ainda mais a situação é certa afinidade que nos é apresentada entre as metáforas do mercado e do ambiente. Afinal, o mercado não seria a condição imprescindível para se garantir bem-estar social, longevidade, solução de problemas vários e, assim, alcançar aquele equilíbrio harmonioso e "natural" tão almejado por todos? E não seriam ambas, ordem e harmonia, que buscamos com a defesa e o cuidado do ambiente? De resto, economia e ecologia não desfrutariam de uma radical afinidade expressa no fato de ambas compartilharem o mesmo étimo *oikos* (casa)? Assim, enquanto a ecologia nos remeteria aos princípios que regem a casa comum, a economia, por seu turno, se ocuparia de leis e da logística a garantir a aplicação desses princípios. Essa utopia, de fato, só seria possível se insistíssemos em ficar apenas na superfície lisa da imaginação fantasiosa. No cotidiano, resta-nos apenas aquela espécie de "heterotopia" caracterizada por tensões e contradições entre economia e ecologia.

Para o historiador inglês E. P. Thompson, "mercado" seria uma metáfora sem consistência nenhuma: tanto conceitual quanto empírica (THOMPSON, 1998). Ao contrário do que se crê, segundo ele, "mercado" nos remeteria ao desejo de harmonia produzido por um equilíbrio natural. Com Adam Smith, mormente graças à imagem da "mão invisível" colocando ordem no mundo, esse desejo teria assumido conotação divina. Até o século XVIII, segundo Thompson, os mercados, nas primeiras horas de funcionamento, só disponibilizavam produtos aos pobres e pelo preço que estes podiam pagar. Somente nas horas sucessivas é que se podiam auferir lucros com a venda de mercadorias. Outra característica dos mercados de então era, por incrível que pareça, a transparência nas negociações. Não compartilhavam o princípio que mais tarde foi proposto como "natural": "o segredo é a alma do negócio". Transações comerciais de qualquer tipo só se faziam à luz do dia e em presença de interessados e testemunhas. Aliás, o próprio Adam Smith, que era pastor, fazia incursões no campo da economia movido por preocupações éticas e morais.

Com o passar do tempo, a economia foi se autonomizando. E essa autonomia foi sendo, pouco a pouco, conquistada através da sistemática desvinculação da transparência nas negociações e das necessidades básicas dos mais pobres, até se impor, em nossos dias, como necessidade econômica para além de qualquer valoração ética ou injunção política. Trata-se, para todos os efeitos, de uma imposição; o que nos leva a perceber, sobretudo em nossos dias, que a economia mercantil vem se travestindo ao longo dos anos no intuito de parecer democrática. A globalização neoliberal levou ao paroxismo essa situação lançando mão de dois processos simultâneos que se retroalimentam: (1) desvinculação da economia de qualquer valor ético ou moral; (2) abstração da economia em relação a toda e qualquer materialidade. E a conclusão, portanto, seria que a economia se reconhece exclusivamente em sua dimensão simbólica mais abstrata, a saber: quantidade e dinheiro. O auge do paradoxo consiste em confundir riqueza com dinheiro.

De fato, enquanto disciplina científica e política, a economia tem-se ocupado da busca obsessiva do enriquecimento e não propriamente da riqueza enquanto tal. Aliás, o conceito de riqueza tem-se tornado cada vez mais ausente nas análises dos economistas. É o que afirma de maneira contundente R. Triffin: "O conceito de riqueza é interessante. Ele é medido pelo valor de troca. Mas o valor de troca é determinado pela escassez, enquanto riqueza não é escassez" (apud PORTO GONÇALVES, 2015, p. 123). A "escassez" tem sido posta, para todos os efeitos, como fundamento teórico da economia mercantil moderna. O que existe em abundância e à disposição de todos é considerado dádiva, fonte inesgotável e, portanto, algo destituído de todo e qualquer valor econômico. Pois o que constitui, de fato, um bem econômico é, paradoxalmente falando, a escassez. E isso põe à mostra um pressuposto implícito, ainda que não propriamente econômico, à economia mercantil capitalista: a propriedade privada. Pelo fato de privar quem não é proprietário, como diz o próprio termo, a propriedade privada constitui a escassez como fundamento da economia mercantil capitalista.

2.2 "Crença" na racionalidade e linguagem da tecnociência como conhecimento objetivo e irrefutável

A modernidade colonial capitalista vem, desde o princípio, se impondo mediante dois expedientes: exploração violenta do planeta Terra e criação de sujeitos-indivíduos separados da Terra. E a relação destes com aquela tem se dado a partir da exterioridade, da superioridade e da instrumentalidade. A "invenção" moderno-colonial-capitalista da subjetividade como *cogito* provocou uma série de fraturas no tecido cósmico, social e existencial. Violentamente separados da Mãe Terra, deixamos de nos considerar "filhos da Terra". Reduzidos a indivíduos, sentimo-nos separados, opostos e contrapostos a nós mesmos e aos outros seres com os quais constituímos o tecido social e cósmico. E, por fim, somos violentamente atravessados por aquela fratura existencial que nos cinde em duas coisas (*res*): uma extensa e outra pensante. Fomos, de fato, condenados a viver marcados por uma espécie de esquizofrenia existencial, social e cósmica.

Ao se considerar o corpo como *"res extensa"*, a imaterialidade foi alçada à essência do sujeito. Isso se deu sobremaneira com Descartes que, ao estabelecer uma nítida separação entre alma e corpo, acabou por definir o ser humano como alma. É clara, portanto, a posição cartesiana de que a natureza humana se esgota essencialmente no plano da não extensão ou da imaterialidade, perfazendo-se unicamente no âmbito do pensamento. Portanto, o corpo não entra na constituição daquilo que é considerado essencial ao humano. A identidade do "eu" reside na alma; o "eu" é a alma.

A tese de Descartes serviu como luva aos interesses da sociedade emergente preocupada em extrair bens da natureza, vistos como meros recursos, e transformá-los, por meio da exploração forçada de corpos humanos, em conjunto de mercadorias disponíveis aos negócios do incipiente capitalismo mercantil colonial. Interessante ressaltar que não se considerava apenas a natureza como algo objetivo e meramente extenso. Concebiam-se também os seres humanos, especialmente de outras "raças", como simples corpos a serem controlados e submetidos a trabalhos extenuantes. Descartes oferecia, no fundo, excelente fundamentação teórica para a proposta de F. Bacon e de G. Galilei: interpretar a natureza mediante linguagem e código matemáticos, para poder dominá-la eficazmente. Reduzir o ser humano a simples máquina habitada por uma espécie de fantasma tornou-se um expediente ideal para justificar o uso de seus corpos como força de trabalho na transformação de bens naturais em mercadorias. E isso tanto na instituição do escravagismo no território das colônias quanto na arregimentação de artesãos e operários nas fábricas no período da incipiente revolução industrial nas metrópoles. A discriminante entre um uso e outro se deu na invenção ideológica e colonialista da ideia de raça (QUIJANO, 2007).

A "crença" na racionalidade e discurso da tecnociência tem-nos feito reféns de mentalidade e linguagem pretensamente objetivas que, segundo se crê, refletiriam a realidade assim como ela é, sem tergiversações. E, nesse sentido, racionalidade e linguagem tecnocientíficas se imporiam como único caminho de possível acesso ao real. Estaríamos diante de raciocínios e conhecimentos incontestáveis que só seriam acessíveis a técnicas sofisticadas de conhecimento manipuladas apenas por *experts* do âmbito da tecnociência. Por mais paradoxal que possa parecer, não há maneira mais sutil de tornar abstrata a realidade do que reduzi-la a simples objeto extenso e mensurável, pois reduzir a realidade a simples número é, no fundo, negar a diversidade inscrita na materialidade do mundo e revelada na convivência harmoniosa entre seres tão singulares. Só pode ceder à imposição unilateral da mercantilização e financeirização quem se deixa levar pela lógica da abstração da materialidade da vida. Nesse sentido, tem de fato razão Vandana Shiva, ao escrever:

> No paradigma do patriarcado capitalista, o dinheiro foi transformado em "capital" de força criativa. Conecta falsamente a criatividade e a criação de valor a um construto chamado "capital", uma abstração baseada no dinheiro. O dinheiro é um meio de troca que reflete o valor real de mercadorias e serviços reais, criados mediante o trabalho real e com a contribuição de uma natureza real e algumas pessoas reais. O dinheiro em sua abstração como "capital" se separa da realidade, e isto torna possível o extravio da criatividade. O "capital" se tornou o construto dominante de nossa era. A concentração da riqueza e o dinheiro acumulado mediante a violência, guerras e pilhagem foram mistificados como "capital". E, com isso, a terra criativa foi declarada morta, matéria-prima, e os seres humanos e as comunidades livres e criativas também foram convertidos em *inputs* passivos, com o rótulo "força de trabalho" (SHIVA, 2020).

É imprescindível, portanto, que sejam trazidas ao diálogo múltiplas visões alternativas construídas por diferentes povos e, assim, salientar a diversidade cultural produzida pela espécie humana a partir de suas distintas cosmovisões.

2.3 "Crença" na tecnociência como "produtora" de riqueza

Muito difusa nos dias que correm a "crença" de que a tecnociência seja imprescindível no processo de "produção" de riqueza. Por essa razão, faz-se necessário recuperar a materialidade da natureza e explicitar sua imprescindível importância na produção de riquezas. Que a tecnociência propicie maior controle e potencialização no processo de trabalho e produção de riqueza é inegável. Que, ao contrário, produza petróleo, carvão ou qualquer outro minério é crença ilusória, pois, se o conhecimento tecnocientífico pode aumentar e controlar a produtividade, ele não pode, em nenhuma hipótese, produzir, por exemplo, moléculas de hidrogênio e carbono. Para nos darmos conta da produção de petróleo ou carvão precisaríamos recorrer ao tempo geológico. Por essa razão, mais que produzir, a rigor, nós extraímos bens da Terra. Somos extratores e não produtores, como se crê. Extraímos bens que a Terra levou milhões de anos para produzir e, portanto, extraímos o que não produzimos. A tal propósito, fala-se de "divórcio entre o cálculo monetário e o cálculo material-energético" ou ainda de "balanço energético negativo" para se referir ao fato de a produção exigir um tempo de trabalho de dimensões geológicas que não tem sido minimamente calculado. Esse "balanço energético negativo" se verificaria em

> diferentes atividades produtivas no mundo moderno, onde a quantidade de energia despendida no processo de produção é muito superior à obtida com os produtos resultantes desse processo. [...] No capitalismo industrial não é raro encontrar atividades onde o processo produtivo consome 3 vezes mais energia do que a gerada pelo produto. [...] Esse tipo de atividade apenas se sustenta porque existe um divórcio total entre o cálculo monetário e o cálculo material-energético. Como o valor monetário das fontes energéticas é baixo, comparado com o valor monetário dos produtos finais, uma economia irracional do ponto de vista material pode ser altamente lucrativa no mercado (PADUA, 2003, p. 25).

Conclusão

Concluindo, diríamos que, nos dias que correm, assalta-nos uma questão que não se quer calar: *o que as tecnologias poderão fazer de nós?* Talvez o que mais nos preocupe, hoje, seja a consciência de não termos condições de entabular um confronto à altura dos desafios atuais, por dispormos apenas do *l'esprit de géométrie* (Pascal), que se distingue, fundamentalmente, por: fazer contas, reagir aos apelos do que seja útil e vantajoso, operar no curto espaço entre meios e fins, potencializar o uso com o menor custo possível. Habitamos um mundo capturado pela utilidade e pelo consumo. A noção de verdade se encontra, em nossos dias, condicionada pela eficiência. A verdade da técnica é, para todos os efeitos, funcional. Só nos interessa o conhecimento aplicável: *saber-como fazer*. Reduz-se, assim, o *logos* à dimensão tecnológica. Por tais razões, segundo nos parece, encontramo-nos em um momento novo na história, talvez irreversível, em que a questão que se coloca de maneira urgente é "o que as novas tecnologias poderão fazer conosco", e não mais "o que podemos nós fazer com elas".

Referências bibliográficas

DOWBOR, L. *A era do capital improdutivo*: a nova arquitetura do poder, sob dominação financeira, sequestro da democracia e destruição do planeta. São Paulo: Outras Palavras & Autonomia Literária, 2017.

DUSSEL, E. Europa, modernidad y eurocentrismo. In: LANDER, E. (Ed.). *La colonialidad del saber*: eurocentrismo y ciencias sociales – Perspectivas latinoamericanas. Buenos Aires: CLACSO, 2000.

FANON, F. *Piel negra*: máscaras blancas. Buenos Aires: Editorial Abraxas, 1973.

MACHADO ARAÓZ, H. Orden neocolonial, extrativismo y ecología política de las emociones. *Revista Brasileira de Sociologia da Emoção*, v. 12, n. 34, p. 11-43, abr. 2013.

MACHADO ARAÓZ, H. O debate sobre o "extrativismo" em tempos de ressaca: a natureza americana e a ordem colonial. In: DILGER, H.; LANG, M.; PEREIRA FILHO, J. (Org.). *Descolonizar o imaginário*:

debates sobre pós-extrativismo e alternativas ao desenvolvimento. São Paulo: Fundação Rosa Luxemburgo-Autonomia Literária/ Elefante, 2016.

MIGNOLO, W. *Desobediencia epistémica*: retórica de la modernidad, lógica de la colonialidad y gramática de la descolonialidad. Buenos Aires: Ediciones del Signo, 2010.

MIGNOLO, W. Colonialidade: o lado mais escuro da modernidade. *Revista Brasileira de Ciências Sociais*, Rio de Janeiro, v. 32, n. 94, p. 1-18, jun. 2017.

MOROZOV, E. *Big Tech*: a ascensão dos dados e a morte da política. São Paulo: Ubu, 2018.

PADUA, J. A. Produção, consumo e sustentabilidade: o Brasil e o contexto planetário. *Cadernos de Debate do Projeto Brasil Sustentável e Democrático*, Rio de Janeiro, n. 6, 2003.

PIKETTY, Th. *Le Capital ou XXIe siècle*. Paris: Éditions de Seuil, 2013.

PORTO GONÇALVES, C. W. *A globalização da natureza e a natureza da globalização*. Rio de Janeiro: Civilização Brasileira, 2015.

QUIJANO, A. Colonialidad del poder, eurocentrismo y América Latina. In: LANDER, E. (Ed.). *La colonialidad del saber*: eurocentrismo y ciencias sociales – Perspectivas latinoamericanas. Buenos Aires: CLACSO, 2000.

QUIJANO, A. Colonialidad del poder y clasificación social. In: CASTRO-GÓMEZ, S.; GROSFOGUEL, R. (Ed.). *El giro decolonial*: reflexiones para una diversidade epistêmica más allá del capitalismo global. Bogotá: Siglo del Hombre, 2007.

SHIVA, V. Ecofeminismo. *IHU On-line*, 01/09/2020. Disponível em: http://www.ihu.unisinos.br/78-noticias/602416-ecofeminismo-artigo-de-vandana-shiva. Acesso em: set. 2021.

THOMPSON, E. P. *Costumes em comum*: estudos sobre a cultura popular tradicional. São Paulo: Companhia das Letras, 1998.

CAPÍTULO V
Da "libertação" à "viragem decolonial": desdobramento de um mesmo paradigma

Introdução

Nosso objetivo é relacionar "Teologia da Libertação" e "viragem decolonial". Antes, todavia, gostaríamos de explicitar dois pressupostos que permeiam a tessitura de nosso discurso, dando-lhe consistência e coerência. O primeiro diz respeito ao fato de concebermos "teologia da libertação" e "viragem decolonial" não como duas teorias ou escolas de pensamento estanques, mas, ao contrário, como veios que brotam de uma mesma fonte e, consequentemente, se interpenetram reciprocamente.

No que tange à relação entre "teologia" e "libertação", relação pressuposta na formulação "teologia da libertação", é necessário ter presente a reivindicação feita desde o início e expressa por L. Boff nos seguintes termos:

> A teologia da libertação e do cativeiro, tal como se articula na América Latina, não quer ser uma teologia de compartimentos e de genitivos como a teologia do pecado, da revolução, da secularização, da vida

religiosa, isto é, um termo entre outros da teologia. Quer apresentar-se, ao contrário, como uma maneira global de articular praxisticamente na Igreja a tarefa da inteligência de fé. É um modo diferente de fazer e pensar em teologia (BOFF, 1975, p. 853).

Quanto à "viragem decolonial", na esteira do que propõe o grupo de pesquisa *Modernidad-colonialidad*,[1] nós a concebemos como movimento que, partindo da analítica da modernidade-colonialidade, culmina em outro, o da gramática da decolonialidade. Trata-se, na verdade, de processos recíprocos e, portanto, mutuamente implicados. Esta é a razão pela qual se insiste em concebê-la como movimento, processo, guinada, opção, e não propriamente como mais uma disciplina ou corrente de pensamento entre outras. Constata-se, portanto, que a lógica da colonialidade e a retórica da modernidade constituem, de fato, cara e coroa da mesma moeda e que, portanto, é justificável falar de um único fenômeno: "modernidade-colonialidade" (DUSSEL, 2000, p. 29-30; QUIJANO, 1997; PORTO GONÇALVES, 2013, p. 168; MIGNOLO, 2010; 2017). A "viragem decolonial" seria, portanto, um movimento composto de dois processos: desvelamento do fenômeno histórico da "modernidade-colonialidade" e desprendimento ou desconexão dessa combinação entre lógica colonial e retórica moderna, com vistas à "transmodernidade", entendida como alternativa à modernidade colonial e não como pós-modernidade ou outras modernidades.

---

[1] Para maior compreensão da genealogia dos "estudos decoloniais" e sua relação com os "estudos pós-coloniais" e também com os "estudos subalternos", ver MELLA, 2016, p. 442-448; BALLESTRIN, 2013). Constatamos, não raras vezes, o uso indiscriminado dos prefixos "pós-" e "de-", talvez pela carência de maiores referências com respeito a esclarecimentos terminológicos que, para além de mero jogo de palavras, são introduzidos com o fito de delimitar o estatuto epistemológico. E, nesse sentido, é bom que se tenha maior clareza desta delimitação para não se cair em graves equívocos.

O segundo pressuposto tem a ver com o hábito reconhecidamente moderno-colonial de situar fenômenos e mentalidades no curso de uma história linear progressiva, classificando-os segundo critérios que justificariam uma evolução do selvagem ao civilizado, do primitivo ao atual, do antigo ao moderno. Essa arrogância faz com que se repute o recente superior ao antecedente, considerado atrasado e superado. Entende-se, nesse caso, superar como deixar para trás e não, ao contrário, assumir dialeticamente. Constata-se, além do mais, a pretensão de um saber que se constitui, cada vez mais, a partir de um novo início. Daí a razão de se buscar a novidade, não raras vezes, de maneira obsessiva. Não por acaso, o modelo de conhecimento proposto pelos tempos moderno-coloniais é o da invenção. Emblemático o que escreve, a tal propósito, o filósofo Kant: "Se se quer ser um inventor, basta ser o primeiro; se se deseja a pura verdade, é necessário um precursor". Nesse sentido, práticas e saberes decoloniais não principiam no exato momento em que se começa a empregar "viragem decolonial" e formulações afins.

Com base em tais esclarecimentos, propomos a relação entre "libertação" e "viragem decolonial" como "desdobramento" de um mesmo paradigma. E, por esta razão, reputamos que a complexidade das recíprocas relações que intercorrem entre "libertação" e "viragem decolonial" seria expressa da seguinte forma: a "viragem decolonial" seria um processo interno à "teologia da libertação" ou, se se prefere, a "teologia da libertação" seria condição mesma de possibilidade da emergência da "viragem decolonial".[2] Dito isso, gostaríamos de elencar três elementos que, em nossa opinião, confirmariam nossa hipótese: a eleição de "libertação" em alternativa a "desenvolvimento"

---

[2] De resto, são os próprios autores do grupo de pesquisa *Modernidad-Colonialidad* que, ao explicitarem a genealogia dos "estudos decoloniais", consideram a Teologia da Libertação uma de suas fontes primárias (ESCOBAR, 2003, p. 53; MIGNOLO, 2010, p. 26).

(1) e também à "emancipação" (2) e a reciprocidade entre "teologia da libertação" e "libertação da teologia" (3).

1. "Libertação" em alternativa a "desenvolvimento"

A TdL irrompe no cenário latino-americano na década de 1960. A nova consciência que se encontra na base dessa nova teologia se deu durante a preparação de uma conferência de Gustavo Gutiérrez a ser proferida em Chimbote (Peru), em julho de 1968, poucas semanas antes da abertura da Assembleia dos bispos em Medellín, sobre a realidade vivida na América Latina como desafio para uma pastoral de promoção humana. O texto da conferência, publicado no ano seguinte sob o título *Para una teología de la liberación*,[3] significou uma verdadeira guinada para a teologia latino-americana, pois, pela primeira vez e de modo explícito, se propunha uma "teologia da libertação" em alternativa à "teologia do desenvolvimento". O próprio Gutiérrez é quem oferece um esclarecedor testemunho sobre o contexto de sua intervenção e sobre o alcance da mesma:

> Para nós que tínhamos uma responsabilidade pastoral, eram os anos em que nos interrogávamos sobre a presença do Evangelho e da Igreja nesta ebulição de ideias, de experiências, de correntes, e buscávamos critérios de discernimento. Nessa situação se efetuou em Chimbote uma reunião de sacerdotes e leigos para tentar compreender aquilo

---

[3] Em novembro de 1969, Gutiérrez foi convidado por SODEPAX para participar de uma consulta sobre o tema "Teologia e desenvolvimento" em Cartigny, Suíça. Para a ocasião, reelaborou o texto da conferência que dera em Chimbote no ano anterior e o apresentou com o título: "Notes on Theology of Liberation". Este texto foi depois republicado em espanhol ainda com o título "Hacia uma teología dela liberación". Assim, segundo afirma o próprio Gutiérrez, ao elaborar o seu *Teología de la liberación: perspectivas*, obra programática da TdL latino-americana, publicada em dezembro de 1971, ele não faz senão desenvolver aquelas primeiras intuições, mantendo-se na mesma linha de reflexão (Apud TAVARES, 2002, p. 208).

que vivíamos em nosso país. Foi-me confiado o relatório teológico sobre um tema que era então muito discutido: a teologia do desenvolvimento. Ao preparar meu relatório compreendi que era mais bíblico e mais teológico falar de uma teologia da libertação ao invés de uma teologia do desenvolvimento. Ou seja, teologia da libertação como teologia da salvação nas concretas situações históricas em que o Senhor nos oferece a graça da salvação (GUTIÉRREZ, 1986, p. 125-126).

Como vemos, o próprio Gutiérrez reconhece que é mais oportuno e relevante refletir teologicamente sobre "libertação" do que sobre "desenvolvimento". E essa consciência emerge a partir da maneira alternativa de se perceber a particularidade da realidade dos povos latino-americanos no cenário internacional. Não se aceita sem mais a tipologia do paradigma da História segundo o qual a realidade inteira seria capturada no bojo de um único e inexorável processo histórico linear, caracterizado pelo progresso e pelo desenvolvimento. Desenvolvimento tinha se tornado, naqueles idos, palavra-chave do processo de recolonização encabeçado pelos Estados Unidos e pelas nações ricas do hemisfério norte. Interessante notar que havia nomes conhecidos envolvidos na elaboração de uma "teologia do desenvolvimento", como, por exemplo: J. Alfaro, J.-M. Aubert, J.-Y. Calvez, F. Houtart, R. Laurentin (apud GIBELLINI, 1986, p. 17). Teólogos que, aliás, haviam recebido as bênçãos do próprio Paulo VI, que, em sua encíclica *Populorum Progressio*, propusera "o desenvolvimento integral".

É o próprio Gutiérrez quem, de resto, desde o início chama a atenção para o "fato mais relevante" no cenário sociopolítico, cultural e eclesial do continente: a "irrupção dos pobres" e seu clamor por libertação (GUTIÉRREZ, 1982, p. 215). Nesse sentido, a TdL nasce desbancando não apenas a ideia de desenvolvimento como também, sobretudo, seu expediente sistemático de naturalização da riqueza e da pobreza. Falava-se, a tal propósito, de um processo linear e crescente envolvendo nações desenvolvidas e nações em desenvolvimento. Essa classificação pretensamente natural encobria a dimensão estruturalmente conflitiva da realidade do desenvolvimento. Reputava-se natural que as nações do Ocidente fossem mais desenvolvidas do que as nações dos continentes periféricos que, posto que ainda jovens, com o passar dos anos, se tornariam também elas desenvolvidas. Concebia-se desenvolvimento como um processo cujo crescimento econômico e cultural se daria de modo contínuo e linear, indo do mais primitivo e menos desenvolvido na direção do mais desenvolvido e "civilizado".

Todavia, a "irrupção dos pobres" se deu mediante nova consciência histórica propiciada, sobretudo, pela "teoria da dependência" (CARDOSO; FALETTO, 1970). Formulou-se, naquela ocasião, no bojo do grupo de intelectuais ligados à CEPAL, a "teoria da dependência", que considerava os países ocidentais parte integrante de um único processo de desenvolvimento injusto e desigual, porque associado a uma relação de dependência estrutural das nações economicamente dominantes. A América Latina, portanto, se tornava sempre mais dependente no seio do capitalismo internacional, em uma subalternidade que não lhe permitia, ademais, desvencilhar-se dessa situação de pobreza, fruto de um subdesenvolvimento gerado e sustentado pelas nações industrializadas. Em face disso, parecia óbvia a necessidade de inaugurar um processo de ruptura e de libertação.

Outra expressão dessa irrupção dos pobres foi o movimento cultural de alfabetização que se criou em torno do pedagogo brasileiro Paulo Freire. Ele concebia as linhas metodológicas basilares para uma "educação libertadora" em termos de uma problematização da própria realidade e, portanto, de uma leitura e interpretação crítica da mesma. Desse modo, a educação entendida como prática de liberdade era proposta como um autêntico processo de formação da consciência crítica, também chamado de "conscientização" (FREIRE, 1967; 1974).

Como se percebe, a "libertação" proposta pela TdL emerge como crítica estrutural ao que se considerava, então, natural: história ocidental como única história; desenvolvimento como crescimento linear e ilimitado. E, por isso mesmo, a TdL surge com a pretensão de se apresentar como teologia feita a partir do "avesso" da história. Não se fala ainda de uma história *outra*, mas não se admite sem mais o conceito naturalizado de uma história ocidental única que vai do natural e inculto ao civilizado e desenvolvido. O conceito de "libertação" deflagra o lado sombrio e intencionalmente esquecido dessa história e, em vista disso, propõe uma educação como prática de liberdade e, nesse sentido, expressão de uma pedagogia do oprimido.

Ainda nesse mesmo contexto e para exprimir essa reviravolta, surgem expressões que caracterizam o dissenso quanto à linearidade totalizadora da universalidade do paradigma da historicidade: "reverso da história", "avesso da história", "o não homem" como interlocutor privilegiado da TdL (GUTIÉRREZ, 1979), "Sitz im Leben und Sitz im Tode" (contexto vital e, ao mesmo tempo, contexto de morte) como lugar teológico, na dupla valência de ponto de partida e também de perspectiva da reflexão teológica (SOBRINO, 1989, p. 155). Como se pode ver, com a TdL temos uma primeira ruptura no tocante à imposição universal do paradigma moderno da História e mediante a deflagração do sistemático expediente de naturalização de processos históricos de desigualdade econômica, social e cultural. E isso se dá mediante a eleição do conceito "libertação".

2. "Libertação" em alternativa a "emancipação"

Para salientar a peculiaridade da TdL enquanto instauradora dessa ruptura com a modernidade colonial, Jon Sobrino introduz uma questão metodológica que nos parece esclarecedora (SOBRINO, 1976, p. 177-208). Ele distingue dois momentos no interior do Iluminismo: o primeiro se caracterizaria pela exigência da racionalidade crítica (Kant), o segundo pela exigência da práxis transformadora (Marx). A teologia europeia do século passado teria se sensibilizado ante as questões postas no interior do primeiro momento. Já a TdL se teria ocupado, sobretudo, da problemática suscitada no bojo do segundo momento. A teologia europeia responderia às questões postas pela modernidade. Questões relativas ao sentido da existência e, portanto, circunscritas ao âmbito da subjetividade e da intersubjetividade. De outro gênero é a proposta da TdL que pretende instaurar uma relação distinta para com a realidade através de um percurso peculiar: partindo da práxis e, passando pela teoria, volta novamente à práxis. As perguntas, portanto, que a TdL quer responder derivam da própria prática vivida dentro de um processo caracterizado pelo binômio opressão/libertação. E sua intenção última é a de se constituir em uma prática teórica teológica no interior do processo mais amplo de libertação sociopolítica e econômica.

Ainda que Sobrino não utilize vocabulário próprio da "viragem decolonial", ao apresentar a TdL como resposta à exigência da *práxis* transformadora, ele contesta criticamente a retórica da modernidade em torno da emancipação e da autonomia do sujeito e propõe um discurso alternativo que parte da práxis e a ela retorna depois de ter passado pela mediação da teoria crítica. E apesar de recorrer a Marx para caracterizar o momento da exigência da práxis transformadora, ele "decolonializa" o marxismo, por mais que essa afirmação possa resultar paradoxal.[4] Ao recorrer à mediação da análise marxista, a TdL o faz movida mais por razões ligadas a circunstâncias do contexto em que surgiu. Justamente por ser a opressão econômica a questão mais urgente e mais grave que a TdL se propõe enfrentar, é que ela recorre a uma mediação que lhe seja mais útil para desmascarar tal situação. Trata-se de uma afinidade prática e funcional que se converte em afinidade ideológica eletiva. Contudo, ela "decolonializa" o marxismo na medida em que, servindo-se de sua mediação, a potencializa ao fazê-la desembocar na libertação econômica e sociopolítica para além da emancipação de determinada classe social. Pois, de fato, enquanto o processo de emancipação se caracteriza por propor e pressupor apenas mudanças na lógica da colonialidade e na retórica da modernidade, libertação questiona estruturalmente essa mesma lógica e retórica, e, assim, questiona a própria estruturação sistêmica da modernidade colonial. Isso porque, de fato, os conceitos de libertação e de emancipação correspondem a dois projetos situados em dois terrenos geopolíticos distintos, enquanto entre libertação e decolonialidade nota-se uma afinidade epistêmica, segundo a proposição de W. Mignolo: "Planteo aquí – entonces – que 'liberación' y 'descolonización' son proyectos conceptuales (y por lo tanto epistémicos) de desprendimiento de la matriz colonial del poder" (MIGNOLO, 2010, p. 20).

---

[4] Na opinião de Mignolo, apesar de introduzir a consciência de classe mediante a noção de proletariado, o marxismo, todavia, ao propor a "emancipação do proletariado", ainda se orienta basicamente em torno do conceito tipicamente moderno de emancipação. E, nesse sentido, permanece refém da retórica da modernidade e, consequentemente, da lógica da colonialidade. De fato, "emancipação" constitui um conceito-chave da modernidade, uma vez que foi empregado para se referir à liberdade e à autonomia de uma classe social emergente, a burguesia que, em seu caráter particular, foi alçada à universalidade do termo "humanidade". Curioso observar que, em tempos recentes, o termo "emancipação" foi de novo recuperado, por Hardt e Negri, para justificar a potência emancipadora da "multidão" (MIGNOLO, 2010, p. 22).

Com o passar do tempo, a concepção de "libertação" foi se explicitando sempre mais e o termo "pobre", ganhando feições cada vez mais concretas. É o que transparece, por exemplo, no prefácio escrito por Gustavo Gutiérrez à 14ª edição de seu *Teología de la Liberación: perspectivas*, intitulado "Mirar lejos!", que apareceu em 1990 e, portanto, vinte anos após a primeira edição. No intuito de salientar que o pobre pertence a uma coletividade social, Gutiérrez emprega expressões como: "povos submetidos", "classes sociais exploradas", "raças desprezadas" e ainda "culturas marginalizadas" (GUTIÉRREZ, 1990, p. 22). Ele sublinha ainda que falar do pobre, mais do que se referir apenas a uma categoria sociológica ou política, significa remeter-se a um complexo fenômeno: o "mundo do pobre" (GUTIÉRREZ, 1990, p. 22).

Alguns anos mais tarde, Victor Codina sublinhava uma necessidade imprescindível para a TdL, a saber: discernir um terceiro momento no movimento histórico da Ilustração, além dos dois já apontados por Jon Sobrino. Esse terceiro momento no interior do Iluminismo, na opinião dele, seria caracterizado pelos desafios postos pela racionalidade simbólica, responsável, por sua vez, pela acolhida da alteridade que se manifestaria nas distintas diferenças: culturais, raciais, de gênero, religiosas etc. (CODINA, 1993, p. 271-296).

3. A reciprocidade entre "Teologia da libertação" e "Libertação da teologia"

Foi J. L. Segundo quem salientou, desde o início, uma necessidade básica para a TdL: pôr em movimento o círculo hermenêutico entre "libertação da teologia" e "teologia da libertação". Trata-se de um processo recíproco e simultâneo. Essa seria, em sua opinião, condição imprescindível para libertar a teologia clássica das amarras de sua falsa consciência universal. Explorar a autonomia relativa e a constitutiva mutualidade entre "libertação da teologia" e "teologia da libertação" seria *conditio sine qua non* para o exercício de uma autêntica Teologia da Libertação (SEGUNDO, 1975).

É nesse terreno, precisamente, que se situam as questões postas por Estermann (2017): a TdL caracterizar-se-ia como uma ruptura com a modernidade ocidental, ou estaria, apesar de suas pretensões epistêmicas, ainda enredada em suas malhas? A TdL teria, de fato, promovido a "libertação da teologia" mediante a deselenização e desocidentalização da teologia cristã? Ela não teria, ao contrário, homogeneizado os conceitos de "pobre" e de "povo", ao falar de "povo pobre latino-americano"? E não teria ainda, consequentemente, se esquecido de que nossos povos não pertencem homogeneamente à tradição cristã, que, inclusive, nos foi imposta com a colonização? E, por fim, a própria concepção de libertação não seria tipicamente moderna, posto que situada na esteira da tradição filosófica hegeliano-marxista de história? (PIMENTEL CHACÓN, 2010).

Gostaríamos de ressaltar, no entanto, uma peculiaridade da TdL que a coloca, para todos os efeitos, em condição de ruptura epistemológica com a modernidade colonial. À diferença de teologias que, ingênua ou intencionalmente, escondem sua perspectiva epistemológica, apresentando-se como neutras e universais, a TdL assume-se enquanto discurso elaborado a partir de uma situação concreta e de suas respectivas indagações. Como consequência, a TdL latino-americana encarna uma peculiar relação entre local e global, e com isso ela tem redimensionado uma das clássicas questões do pensamento ocidental: a relação entre particular e universal. A TdL latino-americana inaugura, portanto, uma nova relação para com a práxis, no sentido de não considerá-la apenas uma espécie de laboratório onde testar a pertinência ou eficácia do próprio discurso. A TdL se constitui como tal mediante o exercício, não do clássico método dedutivo, mas do método indutivo, que consiste em construir o discurso a partir das demandas postas pela práxis e de se manter em contínua vigilância para que este não se desvincule da práxis, considerando-a sua referência contínua.

A TdL latino-americana apresenta-se, portanto, como uma teologia local e, ao mesmo tempo, global (TAVARES, 2013, p. 1391-1397). Ela é global porque assume a pretensão de abranger a totalidade dos argumentos e da temática teológica. Por isso a TdL se apresenta, com toda propriedade, como "*teologia* da libertação". Todavia, ela não se detém em uma visão genérica ou abstrata da fé. No cumprimento de sua incumbência fundamental, que é a de explicitar o sentido histórico-libertador do Evangelho, a TdL dá passos decisivos que vão do geral ao particular. Em outras palavras, a TdL elabora toda a teologia em termos específicos, ou seja, libertadores, exercitando, portanto, uma óptica particular no contexto da óptica mais global da fé. Ela enriquece, portanto, toda a teologia com outros termos profundamente ligados ao binômio opressão/libertação. Mas a TdL também dá passos concretos que vão do particular ao universal. É, portanto, a partir de sua particularidade que se insere de maneira orgânica e ativa no cenário da teologia universal. Por esta específica razão, a TdL se apresenta, com toda legitimidade, como "teologia *da libertação*". Sua contribuição na abordagem da totalidade da fé é sua perspectiva; todavia, o objeto da TdL é também a totalidade da fé, na medida em que intervém para lhe salientar o sentido libertador. Em síntese: a TdL é *materialmente* global e *formalmente* particular (BOFF, 1986, p. 263-271).

Conclusão

Vivemos em um mundo extremamente complexo. E a complexidade dos fenômenos que, juntos e interligados, constituem "o nosso tempo" não nos permite soluções que não sejam integrais. Qualquer solução parcial restará inevitavelmente aquém da gravidade e urgência dos desafios postos nos dias atuais. Aliás, nada mais moderno e, ao mesmo tempo, colonialista do que propor um saber parcial e, nesse sentido, simplista e reducionista, como eventual solução a questões complexas. Por esta razão, propomos a assunção de um paradigma epistemológico alternativo: a consciência de uma intrincada trama que enlaça "libertação" e "viragem decolonial", a experiência de *saber-se Terra*. Daí o cuidado para não sucumbirmos à tentação de atomizar as distintas lutas por reconhecimento, todas elas legítimas e urgentes, descuidando-nos da trama que as enlaça. O que não significa, em contrapartida, homogeneizar nem generalizar o sentido de grito do pobre ou dos gemidos da Terra, fazendo destes conceitos uma espécie de "significante vazio" (E. Laclau). Imprescindível se faz, segundo nos parece, distinguir e afirmar cada uma das bandeiras em prol do reconhecimento, sem perder de vista, contudo, suas mútuas e recíprocas relações entre si e com a luta básica e primordial, a saber: pela sobrevivência da vida dos pobres e de outras formas de vida no planeta.

Referências bibliográficas

BALLESTRIN, L. *América Latina e o giro decolonial*. 2013. Disponível em http://dx.doi.org/10.1590/S0103335220130000200004. Acesso em: 20 mar. 2021.

BOFF, L. Que é fazer teologia partindo de uma América Latina em cativeiro? *Revista Eclesiástica Brasileira*, Petrópolis, v. 35, p. 853-879, 1975.

BOFF, Cl. Retrato de 15 anos da Teologia da Libertação. *Revista Eclesiástica Brasileira*, Petrópolis, v. 46, p. 263-271, 1986.

CARDOSO, F. H.; FALETTO, E. *Dependência e desenvolvimento na América Latina*: ensaio de interpretação sociológica. Rio de Janeiro: Civilização Brasileira, 1970.

CODINA, V. Fe latino-americana y desencanto occidental. In: COMBLIN, J.; GONZÁLEZ FAUS, J. I.; SOBRINO, J. (Ed.). *Cambio social y pensamiento cristiano en América latina*. Madrid: Trotta, 1993.

DUSSEL, E. Europa, modernidad y eurocentrismo. In: LANDER, E. (Ed.). *La colonialidad del saber*: eurocentrismo y ciencias sociales – Perspectivas latinoamericanas. Buenos Aires: CLACSO, 2000.

DUSSEL, E. Meditações anti-cartesianas sobre a origem do anti-discurso filosófico da modernidade. In: SANTOS, B. S.; MENESES, M. P. (Ed.). *Epistemologias do sul*. Coimbra: Edições Almedina, 2009.

ESCOBAR, A. Mundos y conocimientos de otro modo: el programa de investigación modernidad/colonialidad latinoamericano. *Tabula Rasa*, n. 1, p. 58-86, 2003.

ESTERMANN, J. *Hacia la transformación intercultural de la Teología*. 2017. Disponível em <www.webislam.com>. Acesso em: 30 abr. 2021.

FREIRE, P. *Educação como prática de liberdade*. Rio de Janeiro: Paz e Terra, 1967.

FREIRE, P. *Pedagogia do oprimido*. Rio de Janeiro: Paz e Terra, 1974.

GIBELLINI, R. *Il dibattito sulla teologia della liberazione*. Brescia: Queriniana, 1986.

GUTIÉRREZ, G. Os limites da teologia moderna: um texto de Bonhöffer. *Concilium* (BR), Petrópolis, v. 15, v. 3, p. 546-558, 1979.

GUTIÉRREZ, G. *La fuerza histórica de los pobres*. Salamanca: Sígueme, 1982.

GUTIÉRREZ, G. Non possiamo fare teologia in un'angolo morto della storia. In: GIBELLINI, R. *Il dibattito sulla teologia della liberazione*. Brescia: Queriniana, 1986.

GUTIÉRREZ, G. "Mirar Lejos". *Teología de la Liberación. Perspectivas* (14ª edición revisada y aumentada). Salamanca: Sígueme, 1990.

LIBANIO, J. B. Panorama da Teologia da América Latina nos últimos vinte anos. In: LIBANIO, J. B.; ANTONIAZZI, A. *Vinte anos de Teologia na América Latina e no Brasil*. Petrópolis: Vozes, 1994.

MELLA, P. La teología latinoamericana y el giro descolonizador. *Perspectiva Teológica*, Belo Horizonte, v. 48, n. 3, p. 439-461, set./dez. 2016.

MIGNOLO, W. *Desobediencia epistémica*: retórica de la modernidad, lógica de la colonialidad y gramática de la descolonialidad. Buenos Aires: Ediciones del Signo, 2010.

MIGNOLO, W. Colonialidade: o lado mais escuro da modernidade. *Revista Brasileira de Ciências Sociais*. Rio de Janeiro, v. 32, n. 94, p. 1-18, jun. 2017.

PIMENTEL CHACÓN, J. (Comp.) *Teologías de la liberación e interculturalidad*: Primer Encuentro Latinoamericano de Teologías de la Liberación e Interculturalidad. San José: Sebila, 2010.

PORTO GONÇALVES, C. W. *Geografando nos varadouros do mundo*. Brasília: Ibama, 2013.

QUIJANO, A. Colonialidad del poder, cultura y conocimiento en América Latina. *Anuário Mariateguiano*, IX-9, p. 113-121, 1997.

QUIJANO, A. Colonialidad del poder, eurocentrismo y América Latina. In: LANDER, E. (Ed.). *La colonialidad del saber*: eurocentrismo y ciencias sociales – Perspectivas Latinoamericanas. Buenos Aires: CLACSO, 2000.

SEGUNDO, J. L. *Liberación de la teología*. Buenos Aires: Carlos Lohré, 1975.

SOBRINO, J. El conocimiento teológico en la teología europea y latinoamericana. In: MALDONADO E. R. (Org.). *Liberación y cautiverio*: debates en torno al método de la Teología en América Latina. Encuentro Latino Americano de Teologia. Cuidad de México: Imprenta Venecia, 1976.

SOBRINO, J. Hacer teología en América Latina. *Theologica Xaveriana*, Bogotá, v. 39, n. 1, p. 139-156, 1989.

TAVARES, S. S. *A cruz de Jesus e o sofrimento no mundo*: a contribuição da Teologia da Libertação latino-americana. Petrópolis: Vozes, 2002.

TAVARES, S. S. À margem de uma comemoração: considerações sobre a Teologia da Libertação no seu quarentenário. *Horizonte*, Belo Horizonte, v. 11, 32, p. 1378-1402, 2013.

CAPÍTULO VI

A ecoteologia em face dos desafios do "paradigma tecnocrático"

Introdução

O escopo ao qual nos propomos, aqui, é discernir as principais interpelações postas pelo atual paradigma hegemônico à ecoteologia. De início, recorrendo a quanto sustenta o Papa Francisco na *Laudato Si'*, apresentaremos o "paradigma tecnocrático" como raiz última da crise socioambiental. Mercado e tecnociência constituem horizontes de fundo no interior dos quais se desvelam praticamente todos os âmbitos da experiência humana. A tecnociência tornou-se horizonte de compreensão do ser humano em relação ao mundo e a si próprio. Não apenas nossos estilos de vida, nosso modo de trabalhar e viver, são condicionados pelas novas tecnologias, mas também nossa identidade mais profunda é dada pela diferença técnica. Somos acometidos ainda por outro fenômeno caracterizado pela mercantilização da vida. O mercado vai se impondo sempre mais como cenário hegemônico de nossa trama civilizacional atual, mediante a redução de nossos fluxos vitais em simples mercadoria de consumo e de descarte. Em seguida, explicitaremos a razão de ser e propósitos da ecoteologia:

reflexão bem articulada que, a partir da fé, acolhe os desafios postos pela atual crise socioambiental. Ao final, discerniremos algumas das principais interpelações lançadas à ecoteologia por essa "cumplicidade promíscua" entre tecnociência e mercado.

1. "Paradigma tecnocrático": raiz última da crise socioambiental

Uma vez considerados os principais sintomas da crise ecológica global (LS, cap. I) e explicitada a perspectiva cristã da criação (LS, cap. II), o Papa Francisco se propõe a ver mais profundamente o que está acontecendo com nossa casa comum. Trata-se, em nossa opinião, de um ver duplamente crítico. Ele é crítico, antes de tudo, por querer ir além dos fenômenos considerados meros sintomas. Mas o ver do papa é crítico, ademais, por se tratar de uma visão provocada e sustentava pela fé em seu legítimo desejo de lucidez e de eficácia. Manifestando honestidade ante o real, ele quer discernir e acolher as interpelações postas pela atual crise ecológica.

No capítulo III de *Laudato Si'*, "A raiz humana da crise ecológica", o papa reconhece os avanços produzidos pela técnica na melhoria das condições de vida, no aumento do bem-estar e da expectativa de vida. Contudo, desmascara o interesse último da tecnociência, que é controle e poder sobre a vida em todas as suas dimensões. Chega a nomear de "tecnocrático" o paradigma hegemônico da civilização contemporânea. Nesse contexto, situa a crise do antropocentrismo moderno e do relativismo prático.

> É preciso reconhecer que os produtos da técnica não são neutros, porque criam uma trama que acaba condicionando os estilos de vida e orientam as possibilidades sociais na linha dos interesses de determinados grupos de poder. Certas opções, que parecem puramente

instrumentais, na realidade são opções sobre o tipo de vida social que se pretende desenvolver (LS, 107).

Não se consegue pensar que seja possível sustentar outro paradigma cultural e servir-se da técnica como mero instrumento, porque hoje o paradigma tecnocrático tornou-se tão dominante que é muito difícil prescindir dos seus recursos, e mais difícil ainda é utilizar os seus recursos sem se ser dominados pela sua lógica. [...] Com efeito, a técnica tem a tendência de fazer com que nada fique fora da sua lógica férrea, e o "homem que é o seu protagonista sabe que, em última análise, não se trata de utilidade nem de bem-estar, mas de domínio; domínio no sentido extremo da palavra". Por isso, "procura controlar os elementos da natureza e, conjuntamente, os da existência humana". Reduzem-se assim a capacidade de decisão, a liberdade mais genuína e o espaço para a criatividade alternativa dos indivíduos (LS, 108).

Não seria "neutra" a tecnociência? Os aparatos tecnológicos não foram, afinal, inventados e construídos pelos próprios seres humanos? As máquinas "inteligentes" carregam em seu próprio bojo, todavia, uma objetivação da inteligência humana superior à competência e habilidade dos seres humanos, tomados singularmente. Sirva-nos de exemplo a memória de um computador, sem dúvida, muito superior à memória humana, que, no entanto, incide sobre o nosso pensamento, mudando-o significativamente: engessando-o no esquema binário (0 ou 1), fazendo com que suas respostas sejam: "sim" ou "não", ou no máximo "não sei". Trata-se de redução, pois o que justamente caracterizou a evolução do pensamento humano foi sua passagem do esquema binário à forma complexa, mediante a problematização de questões. De fato, o pensamento humano primitivo se articulava em torno dos binômios: luz e sombras, dia e noite, terra e céu. E, por incrível que pareça, esse tipo de pensamento está retornando em *quitz* televisivos, noticiários, exames escolares e (*pasmem!*) e universidades.

Mas o que torna uma técnica boa ou ruim não seria, em última análise, o bom ou mau uso que dela se faz? O que, em última instância, define a técnica é o próprio fato de usá-la, pois seu simples uso nos modifica. Basta, por exemplo, a exposição prolongada diante da TV ou do computador para que haja mudanças em nosso modo de pensar e sentir. E isso independentemente da qualidade boa ou ruim da programação ou dos sites acessados. Como, também, o simples uso de *chats*, independentemente da sala acessada, produz uma mudança significativa na maneira de nos relacionarmos com as pessoas. Nossos sentimentos, por exemplo, são substantivamente modificados. A mídia amplia significativamente nosso ambiente circunstante, pondo-nos em relação com problemas do mundo todo. Como lidar com essa nova realidade, uma vez que nossa psique responde apenas ao pequeno ambiente onde nascemos ou cultivamos nossas relações? Se escuto dizer que, a cada instante, oito crianças no mundo morrem de fome, eu sinto muito, apesar de não ter condições de reagir emocionalmente, posto que esse cenário ultrapassa as capacidades de minha percepção emotiva. É difícil, portanto, diante dessa notícia, não se tornar indiferente diante de algo que, para mim, é percebido emocionalmente como mero dado estatístico. E a consequência será que, para não ficar me martirizando por causa de minha impotência em modificar essa realidade, removo a informação. Como percebemos, portanto, nem emocionalmente estamos à altura do evento "tecnociência".

Mas, afinal, não seria o ser humano sujeito e protagonista das tecnologias várias, posto que inventadas e construídas por ele? Ou, ao contrário, estaríamos assistindo a uma "inversão antropológica"? Teriam os cidadãos chance de reconquistar a soberania popular sobre a tecnociência? Temos sido vítimas, segundo Morozov, de uma assimetria epistêmica: uma desproporção recíproca entre a "hipervisibilidade" do cidadão comum, por um lado, e, por outro, a "hiperinvisibilidade" de alguns agentes sociais. Por essa razão, a situação produzida por essa desproporção só se poderia, eventualmente, reverter mediante o consenso acerca dos limites de uso de algoritmos (MOROZOV, 2018, p. 138-143). O que não seria nada fácil, pelo fato de nos encontrarmos no bojo de uma promíscua relação entre finanças, informação, tecnologia e política. Isso posto, pergunta-se Morozov: uma vez que a ciência experimental foi produzida pelas democracias liberais, que, em vez de causais são consequencialistas, encontrar-se-ia hoje a tecnociência na iminência de aniquilar as democracias que a geraram? Também Galimberti (2015, p. 10-11) levanta a suspeita de que a tecnociência poderia, de fato, pôr fim à democracia. E a razão residiria no fato de a tecnociência colocar-nos questões acerca das quais não temos condições de decidir pela solução melhor. Como tomar posição em face de questões relativas, por exemplo, à reprodução assistida, usinas nucleares ou organismos geneticamente modificados, sem os critérios de um competente juízo que, no caso, apenas um médico, um físico nuclear ou um geneticista ou biólogo molecular teriam? Isso não explicaria, de resto, o atual cenário político brasileiro, no qual consensos são obtidos, quando o são, não mediante argumentação rigorosa, mas, ao contrário, através de defesa de opiniões, servindo-se da persuasão emocional e recorrendo a preconceitos arraigados e a moralismos culturais e religiosos?

2. Ecoteologia: pressupostos e relevância

A ecoteologia constitui uma espécie de ponte entre ecologia e teologia, e vice-versa (MURAD, 2016, p. 205-237); portanto, é expressão daquele discurso regrado e articulado que procura deslindar as mútuas e recíprocas implicações entre os desafios postos pela atual crise ecológica e o anúncio do "evangelho da criação", próprio da fé cristã. De um lado, a crise ecológica se apresenta como um dos mais urgentes e complexos desafios para a tarefa teológica atual. De outro, o "evangelho da criação" constitui a utopia permanente das relações harmoniosas e ternas que buscamos construir entre todos os seres, verdadeiros "filhos da Terra", nossa casa comum. A ecoteologia se propõe, então, a tomar como ponto de partida a gravidade da crise ecológica, fazendo com que as questões por ela postas irrompam no cenário teológico contemporâneo, impondo-se como os mais relevantes e urgentes apontamentos da agenda teológica atual. Nesse sentido, a ecoteologia acolhe os desafios postos pela crise atual, tão bem expressa nas palavras iniciais da *Carta da Terra*, documento assumido pela Unesco e no qual aflora a consciência ecológica da humanidade: "Estamos diante de um momento crítico na história da Terra, numa época em que a humanidade deve escolher o seu futuro... ou formar uma aliança global para cuidar da Terra e uns dos outros, ou arriscar a nossa destruição e a da diversidade da vida".

Imersos nessa precisa configuração, a ecoteologia não se pode furtar às seguintes questões: é viável continuar nessa mesma direção imposta pelo paradigma contemporâneo do mercado e da tecnociência? O que fazer para que esse modelo da acumulação e do consumo, de crescimento linear e desmedido, seja desmascarado como principal responsável pela depredação dos bens e serviços naturais e pela ameaça do futuro do ser humano e da vida das demais espécies do planeta? Calar-se diante dos desmandos do atual paradigma civilizacional ou, pior ainda, legitimá-los, seria uma posição eticamente responsável por parte da teologia?

Instigada por tais questões, a *ecoteologia* potencializará ao máximo a reciprocidade das relações entre "o grito dos pobres e os gemidos da Terra" (BOFF, 2015). A gravidade e a urgência das questões atinentes ao discurso acerca do cuidado de nossa "casa comum" exigem que todo discurso teológico responsável, e que, portanto, não se deixa tragar pela indiferença e pelo cinismo, se construa a partir da condição dos pobres e em perspectiva utópico-libertadora. Daí a necessidade de, ao articular o grito da Terra com o grito do pobre, potencializá-los ao máximo, ressignificando-os na perspectiva iluminadora do "evangelho da criação". Um discurso acerca da tutela da vida no planeta que não incorpore as questões da pobreza e da fome, da injustiça social e das contradições da globalização neoliberal peca por ingenuidade e conivência. Da mesma forma, um discurso acerca do cuidado e da sustentabilidade do planeta Terra, nossa casa comum, que não brote, de maneira esperançosa, dos sulcos fecundos do "evangelho da criação" acabará sucumbindo a um pessimismo trágico (TAVARES, 2010, p. 9-16).

Nesse sentido, a ecoteologia parte do pressuposto de que a injustiça social e a crise ambiental são ambas provocadas por um sistema de morte, deflagrado como produto de um paradigma civilizacional, caracterizado pelo poder hegemônico do mercado, da tecnociência e da mídia. É esse sistema, no fundo, o responsável último pelos processos em curso que, juntos, compõem o que temos justamente denominado de "crise ecológica". A reflexão desenvolvida pela ecoteologia se inspira na utopia de um novo e emergente paradigma, o ecológico. Este se encontra ainda em fase de gestação, mas seus rebentos se revelam cada vez mais promissores. Fruto de um novo olhar, as novas relações propiciadas pelo emergente paradigma ecológico seriam fortemente marcadas pelos valores da complexidade, do cuidado e da sustentabilidade, entre outros (TAVARES, 2014, p. 13-24).

3. Desafios postos pelo "paradigma tecnocrático" à ecoteologia

Entre inúmeras interpelações postas pelo atual "paradigma tecnocrático", recolhemos as que consideramos mais importantes e urgentes em torno de três nós temáticos: o "esgotamento" da política; o "controle" global da sociedade e a "incompatibilidade" da ética.

3.1 "Esgotamento" da política

Testemunhamos, em nossos dias, o esgotamento da política. E isso se tem dado mediante três "inversões": inversão do sentido da política, inversão da relação entre política e mercado-tecnociência-mídia e, por último, inversão antropológica: de sujeito emancipado a funcionário obediente.

3.1.1 "Inversão" do sentido de política

O esgotamento do sentido comunitário e social da política vem se dando, sobretudo, mediante cooptação do cidadão pelo indivíduo e do público pelo privado (MOROZOV, 2018, p. 81-101). Trata-se, no fundo, de uma "inversão radical" do sentido de política que, desde tempos imemoriais, se preocupava com as causas, e não com a gestão dos efeitos, como tem acontecido recentemente. O fato de empresas como *Uber, Facebook, Google, Apple, Microsoft* adotarem a cartilha do "solucionismo", recorrendo a algoritmos e desvinculando meios de fins, dá o que pensar. Mas o que seria, afinal, esse fenômeno do "solucionismo"? Trata-se de um modelo criado pelo Vale do Silício que se caracteriza por eleger a solução mais simples disponibilizada pelas empresas de tecnologia para os problemas nacionais e mundiais. Em vez, portanto, de se interessar pelas estruturas e, de consequência, pelas causas e efeitos, opta pelas soluções mais fáceis e dispostas pelas tecnologias (MOROZOV, 2018, p. 43-80). E graças à hegemonia exercida pelo Vale do Silício, não apenas empresas de tecnologia como também Estados tomaram a decisão de governar efeitos e não mais causas, inviabilizando modelos alternativos de gestão e de infraestruturas comunicacionais. E a consequência maior parece ser o embotamento de nossa imaginação política, incapaz de vislumbrar alternativas ao que está posto de forma impositiva ainda que sub-repticiamente.

3.1.2 *"Inversão" da relação entre política e mercado-tecnociência-mídia*

O "deslocamento" de lugar e papel da política (GALIMBERTI, 2015, p. 10-12) é consequência direta da "inversão" de seu sentido. A política, hoje, não ocupa mais o lugar de decisão, uma vez que, feita refém da economia e da tecnociência, delas depende para poder decidir. E só decide, de fato, se os investimentos estiverem de acordo com as disponibilidades e os recursos tecnológicos. Por esta razão, a política se tornou mero lugar de representação da decisão e não mais lugar da decisão propriamente dita. Constatação esta extremamente problemática, pois, se as técnicas podem descrever "como" as coisas devem ser feitas, no entanto, elas jamais estarão em condições de saber "se", de fato, essas mesmas coisas devem ser feitas nem o "porquê" de fazê-las. Se, antes, a política dava às técnicas as finalidades de seus procedimentos, hoje, essa relação se inverteu completamente.

Assiste-se, ademais, à subversão da estrutura do poder exercida pela tecnociência. A técnica, de fato, empodera os operadores de seus aparatos tecnológicos. Seriam necessários, por exemplo, apenas dez controladores para paralisar o tráfego aéreo nacional, ao passo que, para se considerar bem-sucedida, uma greve terá que envolver ao menos de 80 a 90% dos trabalhadores. Estamos diante de um novo poder, denominado pelos norte-americanos de *no making power* (o poder de não fazer): bastaria a abstenção ou simples interrupção de um pequeno segmento para travar o conjunto dos equipamentos tecnológicos. Em tais casos, o papel da política poderia dar-se, na melhor das hipóteses, na "mediação", jamais na decisão. Isso porque, para todos os efeitos, a decisão política tornou-se incompatível (*pasmem!*) com a funcionalidade da técnica.

3.1.3 "Inversão antropológica": de sujeito emancipado a funcionário obediente

Uma das questões postas por Morozov é: teriam ainda os cidadãos chance de reconquistar a soberania popular sobre a tecnociência? Temos sido vítimas, segundo ele, de uma assimetria epistêmica: uma desproporção recíproca entre, por um lado, a "hipervisibilidade" do cidadão comum e, por outro, a "hiperinvisibilidade" de alguns agentes sociais. Por esta razão, a situação produzida por essa desproporção só poderia, eventualmente, se reverter mediante o consenso acerca dos limites de uso de algoritmos (MOROZOV, 2018, p. 138-143). O que não seria nada fácil, pelo fato de nos encontrarmos no bojo de uma promíscua relação entre finanças, informação, tecnologia e política.

À diferença de Galimberti, Morozov sustenta que as tecnologias podem tanto impedir quando viabilizar o acesso dos seres humanos à própria capacidade de autodeterminação. E, nesse sentido, considera que a questão crucial que se nos apresenta seria a seguinte: posto que a ciência experimental tenha sido produzida pelas democracias liberais, que, em vez de causais, são consequencialistas, encontrar-se-ia hoje a tecnociência na iminência de aniquilar as democracias que a geraram? Também Galimberti levanta a suspeita de que a tecnociência poderia, de fato, pôr fim à democracia (GALIMBERTI, 2015, p. 10-11). E isso pelo fato de que a tecnociência tem-nos colocado problemas acerca dos quais não temos condições de decidir pela solução melhor. Como tomar posição ante questões relativas, por exemplo, à reprodução assistida, usinas nucleares ou organismos geneticamente modificados, sem os critérios de um competente juízo que, no caso, apenas um médico, um físico nuclear ou um geneticista ou biólogo molecular teriam? Isso não explicaria, de resto, o atual cenário político brasileiro, onde consensos são obtidos, quando o são, não mediante argumentação rigorosa, mas, ao contrário, através de defesa de opiniões, servindo-se da persuasão emocional e recorrendo a preconceitos arraigados e a moralismos culturais e religiosos?

E a conclusão à qual chega Galimberti é que o aparato tecnológico se tornou, para todos os efeitos, "sujeito" da história, desbancando assim o ser humano de seu lugar e papel defendidos pelos vários humanismos, todos eles, sem exceção, antropocêntricos. Assim sendo, o ser humano coloca entre parênteses sua personalidade em favor da funcionalidade, posto que passa a ocupar o papel de "funcionário" que se satisfaz com simplesmente cumprir ações descritas e prescritas no rol de "tarefas" ou "funções" do aparato tecnológico. Nesse caso, constitui-se uma nova configuração no interior da qual a tecnociência passa a ser sujeito da história e o ser humano, seu servo obediente. A conclusão, portanto, é que o humanismo pode se dar por concluído, posto que as categorias humanísticas se tornaram insuficientes e incapazes de interpretar a "era da tecnociência" (GALIMBERTI, 2015, p. 3). Pois, de fato, a essência do humanismo é a tecnociência e não a literatura ou a arte, apesar de ambas exprimirem e glorificarem o ser humano (GALIMBERTI, 2015, p. 7). Nesse sentido, expressão privilegiada do humanismo ocidental não são os tratados de Lorenzo Valla (1407-1457) ou de Pico della Mirandola (1463-1494) "Sobre a dignidade humana", mas, na verdade, a invenção e o exercício do método científico que, segundo Descartes, faz com que o ser humano se transforme em *dominator et possessor mundi*!

3.2 "Controle" global da sociedade

Não há dúvida de que esta sociedade sob o domínio do mercado, da tecnociência e da mídia tem produzido bem-estar e governabilidade, mas não se pode deixar de perguntar: bem-estar e governabilidade para quem e com quais custos? E, ademais, será que eficiência e bem-estar são os únicos critérios requeridos para a condução de uma boa política? Sobretudo porque, nos dias que correm, concebe-se bem-estar como satisfação de necessidades, muitas delas artificialmente sugeridas pela mídia e satisfeitas por meio de consumo desenfreado e obsessivo. Pode-se experimentar, em suma, bem-estar vivendo em uma espécie de bolha sem a mínima consciência de elevados custos e sacrifícios de milhões de pessoas condenadas a viver na miséria. É precisamente essa inconsciência que faz com que alguns abracem as tecnologias digitais como passaporte de livre acesso em uma aldeia global e de paz, pós-política e pós-capitalista.

Entretanto, segundo Morozov, os resultados do *Big Tech* são assustadores: extinção da privacidade, governabilidade humana integral, sociedade de controle global, reticulada e granulada em todos os âmbitos da vida e da psique humana. A situação se apresenta de forma tão grave que mesmo produtos da inteligência artificial, como, por exemplo, a economia compartilhada, a internet das coisas, o capitalismo de plataforma e as cidades inteligentes, entre outros, se tornariam totalmente reféns do modelo "solucionista", evitando assim seus efeitos colaterais (MOROZOV, 2018, p. 144-162).

Esses resultados do *Big Tech* configuram uma espécie de "controle" global da sociedade que se vem dando, sobretudo, mediante três expedientes: "extrativismo digital", redução da privacidade a "ativo econômico" e, por fim, "colonização" de desejos, sentimentos e emoções.

3.2.1 *"Extrativismo digital"*

Percebemos que mercado e tecnociência vêm sancionando o "neoliberalismo" como única possível alternativa econômica, posto que até mesmo as eventuais críticas a esse modelo econômico têm assumido um corte nitidamente neoliberal. Grandes corporações se constituem, a saber: *Big Pharma* (farmacêuticas), *Big Food* (alimentícias), *Big Oil* (petroleiras). E, mais recentemente, a criação da *Big*

Data (dados, informações). Encontramo-nos no bojo do "capitalismo dadocêntrico", segundo alguns, ou do "Dataísmo", como preferem outros. Trata-se de uma nova era criada pelas tecnologias de informação em seu efetivo processo de "extrativismo digital" (MOROZOV, 2018, p. 81-101). Não suficientemente satisfeitos em escavar solos e subsolos e em extenuar a força humana de trabalho, empresas de informação pretendem escavar nossa psique e nossa privacidade, operando uma autêntica "mineração de dados". E, com isso, nós, seres humanos, além de vermos esgotados nossos territórios e exauridas nossas forças físicas, somos ainda vistos como "reserva de recursos informacionais" ou tratados como "cofres de dados possíveis". Recursos e dados escavados, extraídos por sistemas inteligentes cujo interesse é comprar e vender informações e dados pessoais no mercado, tanto no atacado quanto no varejo. As *fake news*, por exemplo, se tornam subproduto do "capitalismo digital", assim como o aquecimento global o é do "capitalismo fóssil" (MOROZOV, 2018, p. 182-187). E a razão dessa atitude extrativista se encontra na descoberta dos algoritmos, verdadeira "mina de ouro imaterial" das grandes empresas e corporações internacionais. O mapeamento de algoritmos permite às grandes empresas o controle de consumidores e também de eleitores, uma vez que descrevem um vasto leque de padrões de comportamento. Diante dessa situação, perguntamo-nos: haveria lugar para uma crítica emancipatória tanto das tecnologias quanto do neoliberalismo? (MOROZOV, 2018, p. 138-143).

3.2.2 Privacidade: maior "ativo econômico"

Encontramo-nos, hoje, inseridos dentro do que se convencionou chamar de "capitalismo financeiro". Somos vítimas de uma fratura das conexões vitais entre corpos e territórios e, portanto, pensamos e nos sentimos como se vivêssemos do dinheiro (valor abstrato) e não da Mãe Terra. Por essa razão, concebemos "progresso-desenvolvimento-crescimento" em termos de domínio e exploração (supostamente) infinita dos "recursos" da Terra. Em sua fase senil, o capitalismo se apresenta em nossos dias na versão histórica do "neoliberalismo". Trata-se, nas palavras de Horacio Machado Araóz, da "era da acumulação em tempos de esgotamento do mundo e de crise terminal das energias vitais, tanto das primárias (que brotam da terra) como das sociais (que surgem e se mobilizam pelo trabalho)" (MACHADO ARAÓZ, 2016, p. 461). Desse modo, para progredir, o neoliberalismo necessita "fraturar as conexões vitais-existenciais entre corpos-trabalho e Terra-territórios de vida" (MACHADO ARAÓZ, 2016, p. 464). E, nesse sentido, o neoliberalismo não admite adjetivações. Ele é como se apresenta, ou seja, regime de relações sociais que consome as energias vitais no intuito de acumular infinitamente o valor abstrato, o dinheiro. E, nesse processo, consome a vitalidade da Terra e a humanidade do humano.

Por meio do "extrativismo digital" nossa privacidade, nossa subjetividade, nossos desejos mais recônditos são extraídos, alienados e, enfim, reduzidos a mercadorias compradas e vendidas à revelia de nossa vontade. Em uma palavra, nossas informações, granuladas e rastreadas, se convertem em armas de controle e de governabilidade. Até mesmo nossa liberdade pessoal é reduzida a mera prestação de serviços, a despeito de nossa consciência e vontade. Exemplo disso é o fato de que, cada vez que compartilhamos nas redes sociais um momento que seja de nosso lazer, estamos produzindo, sem o saber e o querer, o enriquecimento de alguns poucos que nem sequer conhecemos. De fato, a privacidade tem se tornado o maior ativo econômico do século XXI.

3.2.3 *"Colonização" de desejos, sentimentos e emoções*

Excogitado pela cumplicidade entre mercado, tecnociência e mídia, o fetichismo anestesia os corpos, sequestrando-lhe emoções e sentimentos, além de dominar as almas colonizando seus desejos.

Trata-se da violência imposta e praticada por um regime de regulação e de expropriação das emoções e que se constitui como violência material e simbólica: usurpação de energias físicas, capacidade de trabalho, emoções, sentimentos e desejos (MACHADO ARAÓZ, 2013). E essa expropriação alienante se dá mediante a redefinição ou reestruturação das relações, sociabilidades, sensibilidades e subjetividades, sob a lógica do interesse econômico, da funcionalidade e da espetacularização. Tal violência assim descrita se inscreve na própria pele, assinalando de maneira indelével os corpos de modo a criar uma espécie de sujeição tão bem caracterizada por Frantz Fanon como "epidermização" (FANON, 1973, p. 10). Corpos e almas, portanto, que trazem a marca da subalternidade internalizada. E, porque expropriados da própria sensibilidade, se tornam incapazes também de perceber e sentir a dominação sob a qual se encontram. Mais do que a razão, nossas sociedades estão perdendo o coração. E talvez por isso não haja mais reação social possível nem emergência de energias de indignação, posto que, cegados, os olhos não veem e, anestesiados, os corpos não sentem.

3.3 "Incompatibilidade" da ética

Não raras vezes, a tecnociência e o mercado suscitam questões que demandam decisões éticas. Existiria, afinal, uma ética adequada aos eventos tecnocientíficos? Para nomear a relação envolvendo os valores éticos e os eventos do mercado e da tecnociência, elegemos o termo "incompatibilidade". Em nossa opinião, essa "incompatibilidade" seria causada, principalmente, por três outras "inversões": da intenção do ator aos efeitos da ação, dos meios aos fins e, enfim, do agir ao fazer. Essas três inversões confirmariam o que Galimberti denomina de "deslocamento da subjetividade": processo simultâneo e intimamente relacionado à "emergência da tecnosfera" (GALIMBERTI, 2006, p. 391-393).

3.3.1 Da intenção do ator aos efeitos da ação

No Ocidente, atestamos dois modelos clássicos de ética: uma cristã e outra laica. Para a moral cristã, a bondade ou moralidade da conduta é julgada a partir da "intenção" do agente. O que se torna objeto de julgamento, no final das contas, é a intenção de quem promove a ação. Na base, portanto, da caracterização do crime importa saber se o réu é culpado e se o crime é culposo ou preterintencional. O que está sempre em jogo é a categoria da intenção na investigação da consciência. E é sobre essa base que se julga a bondade ou moralidade da conduta. Entretanto, diante de um evento tecnológico como a bomba atômica, cujos efeitos são devastadores, mais do que as intenções ou razões de quem a inventou ou de quem a produziu, importa seu potencial destrutivo.

A moral laica constrói-se sobre o mote kantiano: "O homem deve ser tratado como um fim, jamais como um meio". No entanto, ainda que elaborada com meios exclusivamente racionais, a moral laica continua sendo uma moral de "intenção" e, por isso mesmo, jamais posta em prática na era da tecnociência e do mercado. Em nossos dias, só se justifica a existência do ser humano se ele for um funcionário, ou seja, alguém que produz algo de material e, portanto, algo útil e rentável. E, enquanto funcionário, o que dá ao ser humano direito de cidadania é o fato de ele produzir mercadorias. Mas, afinal, em nossos dias o que significa propriamente considerar o ser humano como único fim? Significaria, por acaso, que todo o resto deva ser tratado, a justo título, como meio? Afinal de contas, a água, os animais, as plantas e até mesmo o ar que respiramos são simples meios ou, ao contrário, são fins a serem tutelados?

3.3.2 Nenhum fim justifica os meios; os meios é que justificam os fins!

Nos anos 1980, o aluno de Heidegger, Hans Jonas, propôs a "ética da responsabilidade" (*Verantwortungsethik*), segundo a qual, mais do que as intenções de quem executa ações, devemos considerar os efeitos de tais ações (JONAS, 2006). No entanto, se observamos bem, o que conta na era da tecnociência é o processo e seus respectivos meios e não tanto os fins. De fato, a máxima autocapacitação é a finalidade mesma da tecnociência. Exemplo disso é o absurdo de se continuar investindo em pesquisas sobre energia nuclear quando possuímos armamento nuclear suficiente para destruir o planeta não apenas uma, mas dez mil vezes. E o que é ainda pior: não existe poder algum que tenha competência científica para controlar esse processo de autocapacitação obsessiva. Aliás, talvez o único controle sobre as pesquisas tecnocientíficas seja as habilidades "economicamente vantajosas", posto que apenas pesquisas com incidência econômica imediata e rentável no mercado são promovidas e sustentadas. Nesse caso, portanto, só a economia detém o controle sobre a tecnociência

Quando a técnica ainda era utilizada como mero instrumento, ela estava submetida à ética, pois, de fato, a ética se destinava aos fins, enquanto a técnica se ocupava dos meios para a realização desses mesmos fins. Era, portanto, a ética que promovia a técnica, enquanto lhe tocava a decisão dos fins que deviam orientar os processos técnicos. Em nossos dias, essa situação se inverte. A tecnociência não necessita mais da ética para lhe prescrever as finalidades de seu operar; ao contrário, ela condiciona a ética no sentido de obrigá-la a tomar parte de uma realidade artificial. Os fins passam a ser os resultados dos procedimentos técnicos. O fazer como produção de resultados assume o primado do agir como escolha e decisão dos fins. A ética, portanto, encontra diante de si os resultados dos procedimentos técnicos e, sem tê-los escolhido, não consegue mais prescindir dos mesmos.

Na "idade da tecnociência", percebe-se o primado do fazer não finalista. Forçada pela criação de um mundo cada vez mais artificial, produto das tecnologias contemporâneas, a ética não pode mais dispor de outro referente a não ser a produção técnica contínua. Nossas éticas, amadurecidas no seio da tradição ocidental, não conseguem transpor o universo das relações intersubjetivas para dar conta de uma realidade artificial que tem pretensões de universalidade e cuja extensão é, de fato, planetária. Poderíamos concluir dizendo que, na "era da tecnociência", nenhum fim justifica os meios, dado que só os meios justificam os fins. É o que afirma de maneira contundente G. Anders, filósofo alemão, perseguido pelo nazismo e refugiado nos EUA:

> Já há muito tempo que se vinha preparando a degeneração da dupla conceitual *meio-fim*. Quaisquer que tenham sido as fases desse processo, meio e fim, trocaram de papéis: *a fabricação de meios tornou-se, hoje, o fim da nossa existência*. E se busca frequentemente (em todos os países, porque a evolução é geral) justificar coisas que antes tinham valor de fim (finalidade), demonstrando que podem ser usadas, sem dúvida, como meio se com ótimos resultados (por exemplo: a distração e o amor, até a religião). [...] O que não pode provar ser um meio, não tem acesso ao hodierno cosmos de objetos. Por isso: justamente porque não são meios, os *fins* são considerados *desprovidos de objetivo*. *O objetivo dos objetivos consiste, hoje, em ser meios dos meios*. É simplesmente um dado de fato. E a formulação é paradoxal, somente porque o fato é paradoxal (ANDERS, 1963, p. 250).

3.3.3 Do agir ao mero fazer

É ainda de Günter Anders a opinião de que ocorreu uma "mutação antropológica" sem precedentes durante a II Guerra Mundial, provocada pelo desenvolvimento tecnológico. Tal mudança se daria na passagem do "agir" ao simples "fazer". Mas qual seria a diferença entre agir e fazer? Agir significa fazer algo em vista de um fim; fazer, ao contrário, quer dizer meramente executar funções, independentemente de qualquer fim ou escopo que se ignore ou que, conhecendo-o, por ele não se responsabilize. Essa passagem se torna visível no contexto dos julgamentos de Nuremberg ou ainda no julgamento de Eichmann. Naquela ocasião, quando perguntados sobre a motivação e a responsabilidade dos atos absurdos que cometeram, a resposta de todos era muito parecida: tinham, afinal, recebido ordens de seus superiores militares; os métodos e seus procedimentos não haviam sido criados por eles e, como funcionavam, eram irreversíveis e, por fim, executá-los era o "trabalho" (*Arbeit*) deles. Aliás, resposta semelhante àquela que deu o piloto estadunidense que lançou a bomba atômica sobre Hiroshima. Questionado acerca do porquê de lançar uma bomba que produziu efeitos desastrosos sobre um povo que não conhecia e sobre um lugar onde jamais tinha estado, respondeu friamente: "*Nothing, that was my job!*".

Todos eles, portanto, ao se remeterem ao próprio "trabalho", julgavam estar se eximindo da própria responsabilidade para com tais ações. Afinal, tratava-se de mera "habilidade técnica" ou ainda de "fiel execução de ordens". A propósito, como definiríamos uma pessoa que trabalha em uma fábrica de armamentos: operário ou um assassino? Ao defini-lo como operário, não estaríamos, ainda que inconscientemente, sancionando uma "indiferença substancial" para com o objetivo e produto final do "trabalho"? Ou, ainda, quando se investe dinheiro no mercado de ações, se é responsável ou não pelos produtos e objetos finais das indústrias financiadas por esse mesmo dinheiro? Até onde iria nossa responsabilidade, em tais casos? Tudo isso nos remete aos discursos dos vários presidentes dos EUA, que, para justificar as diversas ocupações de suas tropas militares em países como Iraque, Afeganistão, Líbia etc., dizem que permanecerão no local até concluir "seu trabalho". Tratam do fato como se fosse mera "tarefa", sem assumir a mínima responsabilidade pelos efeitos desastrosos de sua ocupação e permanência.

Conclusão

Heidegger já nos havia advertido quanto ao fato de que, em sua opinião, o que há de mais preocupante não é tanto que o mundo se encontre dominado pela técnica, mas sim o fato de que, nós, humanos, não tenhamos condições e capacidade de entabular um confronto à altura do que realmente vem acontecendo em nossa época. É bem verdade que, nos dias atuais, dispomos apenas do "pensar calculista" (*Denken als rechnen*), o qual se distingue, fundamentalmente, por: fazer contas; reagir aos apelos do que seja útil e vantajoso; operar no curto espaço entre meios e fins; potencializar o uso com o menor custo possível. Mesmo as obras artísticas e literárias só adquirem direito de cidadania no mundo do mercado quando reduzidas a simples mercadorias, tornando-se objeto de cálculo e de avaliação. Os eventuais "pensamentos livres ou alternativos" ainda existem, sem dúvida. Eles não desapareceram por completo de cena. Nada mais são, todavia, que passatempo ou atividades relacionadas ao ócio e ao lazer. Eles não têm nenhuma incidência em um mundo capturado pela utilidade e pelo consumo.

A própria noção de verdade se encontra, no mundo do mercado, da tecnociência e da mídia, condicionada pela noção de eficiência. A verdade da técnica é, para todos os efeitos, funcional. Não mais interessa a busca do conhecimento como busca de sentido, mas sim do conhecimento aplicável. Trata-se da redução do *logos* à sua dimensão tecnológica. Somos vítimas, portanto, da hegemonia da razão instrumental; razão essa capaz de produzir um processo duplo e simultâneo de desumanização do ser humano e de desnaturalização da natureza. Em seu exercício, opera-se a tradução dos fins em resultados, o primado do "ser-assim" sobre o "dever-ser"; a redução do desconhecido à incógnita matemática e, enfim, a submissão da novidade à ordem da previsão. É claro que um saber assim concebido não suporta as questões que vão além da utilidade e da aplicabilidade. Esse saber se revela, para todos os efeitos, vítima de uma indigência. Ele é incapaz de problematizar em profundidade as questões que constituem o horizonte de fundo do cenário atual.

Nossos sentimentos são também substantivamente modificados. A mídia, por exemplo, amplia de maneira significativa nosso ambiente circunstante, pondo-nos em relação com problemas do mundo todo. Como lidar com essa nova realidade, uma vez que nossa psique responde apenas ao pequeno ambiente onde nascemos e cultivamos nossas relações? Se escuto dizer que, a cada instante, oito crianças no mundo morrem de fome, eu sinto muito, apesar de não ter condições de reagir emocionalmente, posto que esse cenário vai além das capacidades de minha percepção emotiva. É difícil, portanto, diante desta notícia, não se tornar indiferente diante de algo que, para mim, é percebido emocionalmente senão como mero dado estatístico. E a consequência será que, para não ficar martirizando-me por causa de minha impotência em modificar essa realidade, eu removo a informação. Como percebemos, portanto, nem emocionalmente estamos à altura do evento "tecnociência".

Por tudo isso, podemos concluir com Galimberti que nos encontramos em um momento novo na história, talvez irreversível, no qual a questão que se coloca de maneira urgente é "o que a técnica poderá fazer conosco" e não mais "o que podemos nós fazer com a técnica" (GALIMBERTI, 2015, p. 18).

Referências bibliográficas

ANDERS, G. *L'uomo è antiquato*. Milano: Il Saggiatore, 1963. v. I. Considerazioni sull'anima nell'era della seconda rivoluzione industriale.

BOFF, L. *Ecologia: grito da Terra – grito dos pobres*: dignidade e direitos da Mãe Terra. Edição revista e ampliada. Petrópolis: Vozes, 2015.

FANON, F. *Piel negra*: máscaras blancas. Buenos Aires: Editorial Abraxas, 1973.

GALIMBERTI, U. *Psiche e techne*: o homem na idade da técnica. São Paulo: Paulus, 2006.

GALIMBERTI, U. O ser humano na era da técnica. *Cadernos IHU ideias*, São Leopoldo, v. 13, p. 1-18, n. 218, ano 13, 2015.

JONAS, H. *O princípio de responsabilidade*: ensaio de uma ética para a civilização tecnológica. Rio de Janeiro: Contraponto/Editora PUC Rio, 2006.

MACHADO ARAÓZ, H. Orden neocolonial, extractivismo y ecología política de las emociones. *Revista Brasileira de Sociologia da Emoção*, v. 12, n. 34, p. 11-43, abr. 2013.

MACHADO ARAÓZ, H. O debate sobre o "extrativismo" em tempos de ressaca: a natureza americana e a ordem colonial. In: DILGER, H.; LANG, M.; PEREIRA FILHO, J. (Org.). *Descolonizar o imaginário*: debates sobre pós-extrativismo e alternativas ao desenvolvimento. São Paulo: Fundação Rosa Luxemburgo/Autonomia Literária/Elefante, 2016.

MOROZOV, E. *Big Tech*: a ascensão dos dados e a morte da política. São Paulo: Ubu, 2018.

MURAD, A. Singularidade da ecoteologia. In: MURAD, A. (Org.). *Ecoteologia*: um mosaico. São Paulo: Paulus, 2016.

TAVARES, S. S. *Teologia da Criação*: outro olhar – novas relações. Petrópolis: Vozes, 2010.

TAVARES, S. S. Entre a cruz e a espada: a religião no mundo da tecnociência, do mercado e da mídia. *Horizonte*, Belo Horizonte, v. 12, p. 382-401, abr./jun. 2014.

Índice onomástico

A
Acosta, A. 28, 31
Alfaro, J. 91
Anders, G. 25, 31, 120, 123
Andrade, P. F. C. 32
Assmann, H. 17, 23, 31
Aubert, J.-M. 91

B
Bacon, F. 62, 65, 81
Ballestrin, L. 88, 99
Bateson, G. 36, 48
Bauman, Z. 12, 17, 31, 48
Blumenberg, H. 52, 69
Boff, Cl. 98, 99
Boff, L. 27, 31, 35, 36, 43, 48, 49, 88, 99, 108, 123

C
Capra, F. 36
Calvez, J.-Y. 91
Cardoso, F. H 92, 99
Castells, M. 22, 31
Codina, V. 96, 100

D
Descartes, R. 62, 65, 80, 81, 113
Dowbor, L. 72, 76, 84
Dussel, E. 53, 54, 61, 69, 72, 84, 88, 100

E

Escobar, A. 89, 100
Estermann, J. 97, 100

F

Faletto, E. 92, 99
Fanon, F. 85, 117, 124
Foucault, M. 18
Francisco, Papa 13, 36, 37, 38, 39, 40, 41, 42, 44, 45, 47, 49, 103, 104
Freire, P. 92, 93, 100
Fukuyama, F. 28, 31

G

Galilei, G. 62, 81
Galimberti, U. 20, 32, 107, 111, 112, 113, 117, 123, 124
Gorz, A. 18, 32
Guattari, F. 35, 49
Gudynas, E. 35, 49
Gutiérrez, G. 90, 91, 96

H

Habermas, J. 27, 32
Häckel, E. 33
Hardt, M. 95
Hathaway, M. 27, 31
Heidegger, M. 118, 122
Hinkelammert, F. 17, 23, 31
Houtart, F. 91

J

Jonas, H. 27, 32, 118, 119, 124

K

Kant, I. 65, 89, 94, 118
Kerber, G. 34, 35, 49
Khun, Th. 9
Küng, H. 27

L

Laclau, E. 99
Laurentin, R. 91
Lemos, A. 22, 32
Libanio, J. B. 100
Lipovetsky, G. 17, 32

M

Machado Araóz, H. 77, 116
Marchesini, R. 21, 32
Marx, K. 94
Mella, P. 88, 101
Mignolo, W. 57, 68, 69, 72, 85, 88, 89, 95, 101
Mirandola, P. 113
Morin, E. 36
Morozov, E. 85, 106, 107, 110, 112, 114, 115, 124
Mo Sung, J. 17, 23, 32

N

Naess, A. 36, 49
Negri, A. 95
Neutzling, I. 32

P

Padua, J. A. 85
Pascal, B. 84
Piketty, Th. 73, 85
Pimentel Chacón, J. 97, 101
Polanyi, K. 16, 32
Popper, K. 9
Porto Gonçalves, C. W. 55, 73
Puntel, J. 22, 32

Q

Quijano, A. 54, 55, 57, 58, 59, 60, 69, 70, 72, 81, 85, 88, 101

R

Ribeiro de Oliveira, P. 43, 49

S

Said, E. W. 60, 70
Santos, B. S. 36, 49, 66, 70, 100
Segundo, J. L. 97, 101,
Shiva, V. 35, 49, 82, 86
Smith, A. 78
Sobrino, J. 93, 94, 96, 100, 101
Susin, L. C. 44, 49

T

Tavares, S. S. 37, 48, 49, 50, 98, 101, 109, 124
Thompson, E. P. 78, 86
Triffin, R. 79

V

Valla, L. 113
Vallerstein, I. 70

W

Weber, M. 66

Rua Dona Inácia Uchoa, 62
04110-020 – São Paulo – SP (Brasil)
Tel.: (11) 2125-3500
http://www.paulinas.com.br – editora@paulinas.com.br
Telemarketing e SAC: 0800-7010081